インクルーシブデザイン

課長塾®
SDGs時代の課題解決法

井坂智博
Isaka Tomohiro

日経BP

ＳＤＧｓ時代の課題解決法　インクルーシブデザイン

目次

プロローグ

イノベーションを起こすための力をどのように鍛えていけばいいのか――。本書『SDGs時代の課題解決法　インクルーシブデザイン』では、今後我々が直面する超高齢社会などを見据えて、SDGs（持続可能な開発目標）時代における「イノベーション力」を向上させるための方策、課題解決法について紹介します。

組織を率いるリーダーそして企業のイノベーション力を着実に高めるためには、すでに検証されており、実績もある、体系的な手法が必要です。ここでベースとなるのは「インクルーシブデザイン」の方法論です。英ケンブリッジ大学発の方法論で、筆者が経営するインクルーシブデザイン・ソリューションズでは、それに米スタンフォード大学の「デザイン思考」を組み合わせて、日本流のワークショップ「インクルーシブデザイン・ワークショップ」として国内で独自に展開しています。

私たちが提供している無料のワークショップを体験した延べ人数は、約2万4000人、社数で言えば約280社にもなります。商品やサービス開発の実務はもちろん、企業の社員向けトレーニングプログラムの一部にも採用されています。

このインクルーシブデザイン・ワークショップの手法を現場で活用し、繰り返し実践していくことにより、これからの課題を解決し、イノベーション力を高めることが可能になるのです。

今、日本の産業界では盛んにイノベーションの必要性が叫ばれています。背景にはいくつかの要素がありますが、代表的なものとして少子高齢化が挙げられます。企業の間では人手不足が顕在化していますし、地方ではさらなる過疎化でコミュニティーそのものの維持が難しくなっています。高齢者が増えれば商品やサービスのあり方はもちろん、組織のあり方、社会インフラや制度のあり方も変わらざるを得ず、社会全体の設計コンセプトそのものを変えなければならなくなるでしょう。

だからこそのイノベーションです。イノベーションとは新しい価値を生み出すことです。その価値を生み出す源泉は、言うまでもなく人々の内側、つまり発想力や行動力にあります。

「インクルーシブデザイン」で鍛えることが可能

本書で具体的に紹介するのは、私たちが推進しているインクルーシブデザイン・ワークショップの手法です。

インクルーシブデザイン・ワークショップでは、商品やサービスを開発するプロセスを体験していきます。その過程で、高齢者や体の一部が不自由な障害者、外国人、3歳未満の赤ちゃんを連れたお母さんといった人々を巻き込む（インクルードする）のが特徴です。健常者や日本人だけではない、制約条件を持った人の視点を取り込むことで、機能的で先進的な商品やサービスを実現することなども可能になります。

高齢者や障害者など生活に不便を感じていながらも、創意工夫をしながら暮らしている人々のことを、インクルーシブデザインでは「リードユーザ」と呼びます（一般的なマーケティング用語の「リードユーザー」とは異なる狭義の先達者という意味で、本書では「リードユーザ」と表記します）。リードユーザに商品やサービスの開発プロセスに積極的に参加してもらい、リードユーザにとっての利便性や快適性、明快さをより深く追求することによって、新しい発想や価値を探っていきます。

リードユーザの参加で、それほど注視してこなかったポイントを考慮することによって、設計はより洗練されたもの斬新なものになり、結果、その他大勢のユーザーにも使いやすくなります。このような設計コンセプトはイノベーションにもつながります。来る超高齢社会、「地球上の誰一人として取り残さない」ことを掲げたＳＤＧｓの時代においては、まさに必須の考え方といえるでしょう。

インクルーシブデザインの最新の適用事例としては例えば、花王が２０１９年4月に発売した「アタックＺＥＲＯ」の例が挙げられます。パッケージデザインに工夫をこらし、ハンドル部分を片手でプッシュすることで液体洗剤を出せる上、プッシュする回数によって出す量を適切に調整できるようになっています。これは高齢者はもちろん、目が見えない方にも大変有効です。一般のユーザーにも大変使いやすいものになり、商品価値を大きく高めることになりました。

これまでの「ユニバーサルデザイン」も、このような誰もが使いやすいことに配慮した設計を指しますが、インクルーシブデザインのように設計段階などからリードユーザを巻き込む概念にはなっていません。様々な取り組みがなされてきましたが、「こうした配慮は大切だがコストアップの要因になる」などと敬遠されがちでもありました。

これに対し、私たちが関わったケースではありませんが、セブン銀行のATMは、そうしたリードユーザが参加したインクルーシブデザインの成功例として挙げられます。同社はATMの機能デザインにリードユーザを巻き込むことで、「ATMが使いやすい」という評価を得るようになりました。それがセブン銀行ならではの付加価値、また企業としての強みとなっており、「このATMがあるとショッピングモールの集客力が上がる」という状況になっています。

形のある商品だけでなく、無形のサービスにもインクルーシブデザインの方法論は適用可能です。海外では例えば、通信サービス会社がインクルーシブデザインの方法論を導入しています。従来は図や表を目で追って確認しながらでないと把握しづらかった複雑な料金体系を、目が見えない人でも理解できるようにと整理し直しました。これにより明快な料金体系になり、一般の人たちにも支持され契約者数が一気に増えたということです。

また公共分野においては、導入によって単なる事業面やコスト面だけでは語れない効果が期待できます。欧州では点字ブロックをゴム型にしたり、突起を大きめにして高さを低くしたりと細やかな配慮がある駅が存在しています。そのような駅は、視覚障害者はもちろん、車いすの人やベビーカーを押すお母さんにとっても歩きやすいのです。当然、健常者にも歩きやすい。こうした空間デザインが付加価値を生み出し、人々が集うコミュニティーの形成を促進しているわけです。そのようなコミュニティーが豊かでないはずがなく、良質なまちづくりにつながります。

私たちが開発したインクルーシブデザイン・ワークショップの手法には様々な工夫が凝らしてあり、段階を追って体験していくことで、参加者は未来の社会的課題を見据え、問題定義の糸口がつかめるようになっています。具体的な解説は追ってしていきますが、ここでは簡単に、その手法がどのようなものか紹介しましょう。

インクルーシブデザイン・ワークショップの手法は、デザイン思考のプロセスと同じ5段階のステップに分かれており、順を追って進めていきます。どのステップにも障害などの制約を持ったリードユーザが関わりますが、一番特徴的なのは、最初の「観察」のステップです。

このステップでは、リードユーザが町中で商品やサービスを利用している様子を観察したり、インタビューしたりします。あるいは車いすなどを使って実際にリードユーザの感覚を体験します。これにより、今まで発見しにくかった問題点を洗い出しやすくするわけです（図0-1）。

車いすで町に出ると、歩道のちょっとした傾斜が非常によく分かります。健常者が何気なく歩いているときには気付かなかったような不便を体感できるため、例えば超高齢社会における社会インフラはどうあるべきかについて、問題意識や共通認識が深まります。

その後は、リードユーザの不便から未来の社会課題を見通してモノやサービスの問題を定義する「問題定義」、試作品をつくる「プロトタイプ」、それらを評価する「テスト」へとステップは続くのですが、いずれにもリードユーザが関わります。チームの参加メンバーと一緒に、どんな社会課題、問題解決に着手すべきかの検討や、問題解決のためのアイデア出し、それを実現するための試作品づくりなどを順番に行っていきます（図0-2）。

インクルーシブデザイン・ソリューションズが契約しているリードユーザは、現在全国に約２４０人います。また私たちは、慶應義塾大学商学部の牛島利明教授の研究室と一緒に、「インクルーシブデザイン研究会」を運営しています。ここで全国のリードユーザを把握していまして、随時企業や地方自治体に派遣しています。

図0-1　インクルーシブデザインのワークショップの様子①

リードユーザと共にフィールドに出て、リードユーザの不便を洗い出す
(出所：インクルーシブデザイン・ソリューションズ)

図0-2　インクルーシブデザインのワークショップの様子②

リードユーザと共に課題を整理し、解決策のアイデアを練る
（出所：インクルーシブデザイン・ソリューションズ）

人は身体機能が後天的に制限されると、どうしても発想が後ろ向きになりがちなのですが、インクルーシブデザイン研究会で把握しているリードユーザはみな前向きです。社会に新たな価値をもたらそうという意欲ある人たちが集まっています。

その前向きな姿勢には非常に興味深いものがあります。目が見えない人は飲料の自動販売機から好みのものを選ぶのが難しいのですが、あるリードユーザは「これはいわば、ロシアンルーレットですよ」と言って、不便な日常を楽しもうとしています。

しかも、彼らは視覚が限られている分、独特の感性を備えています。「自販機の上の段は、透明な感じの飲料が多い。一方、下の段は味が濃い感じのものが多い」といった具合に、健常者では気が付かないような新しい視点を与えてくれます。また、彼ら独自のスローかつ効率的、かつ目の前のものから楽しみを見つけようとする生き方は、利便性や規模拡大、生産性ばかりを追いかける健常者に対して、持続的な生き方を提示しているようにも見えます。つまり彼らは、ＳＤＧｓ時代における課題解決のための、そしてイノベーションを起こすための水先案内人ともなるのです。

「未来思考型リーダー」になるために

本書では、イノベーション力を備えたリーダーのことを、「未来思考型リーダー」と呼びます。

未来思考型リーダーの特性をもう少し詳しく見てみましょう。未来思考型リーダーとは「両軸の考え方ができる人」です。両軸のうち1つ目の軸は「現在」です。つまり、いま目の前にある問題を解決することを指します。もう1つの軸は「未来」です。こちらは将来起こり得るであろう問題を自ら考えて定義し、その問題の解決につながる方法を考えることを指します。

まとめますと、未来思考型リーダーとは、「常に現在と未来の両軸に目を向けながら、問題定義、問題解決を複合的に実行できる人物」です。私はこのような未来思考型リーダーが、今後の理想的なリーダー像であると各所で提唱しています。

ここで言うリーダーとは課長や部長といった役職者に限りません。役職に限らず、何かの目的を達成するために複数の人々をまとめ上げる人ということです。社長でさえも含まれるのですが、本書では企業の現場で中核を担う課長クラス、つまり現場リーダーを主な対象にしています。

それではなぜ、両軸の考え方ができる未来思考型リーダーが必要なのでしょうか。最大の理由は、現在の問題を解決する単軸のリーダーシップのみでは、これからのＳＤＧｓ時代における様々な事象に対応できず、まさにイノベーションが起こせなくなってきたためです。

20世紀までの日本企業は、欧米の先進企業を模範とし、「ものが足りない」「サービスの品質が悪い」といった、すでに目の前にある問題に対応することで成長を続けてきました。しかし21世紀に入って、その方法論は限界を迎えています。企業の持続的な発展のためには、新しいコンセプト、イノベーションが欠かせません。社会全体、地球全体に目を向けてみると、資源不足や環境問題といった未体験の状況に直面しており、特に日本では先に述べた少子高齢化なども喫緊の課題です。

企業は社会的な存在として、これらの課題にも積極的に対応していく必要がありますし、むしろこれらの社会課題に対して関与しなければ、そもそも存続が難しくなっていきます。

だからこそ、未来を思考したうえでの「問題定義力」なのです。これまでリーダーの能力として重視されてきた「問題解決力」とは、すでに存在する現在の問題について、その解決策を策定し実行する能力でした。もちろんこれは大変重要ですが、今後は問題定義力、つまり未来の社会課題を見据えてこれから起こり得る問題を先取りして発見できる能力が求められます。

限界に気付きつつある現場リーダーたち

一般的に、日本企業の現場リーダーは、目の前の問題にうまく対処する問題解決力が非常に高く、特に大企業に所属する人は世界的に見ても秀でていると言ってもいいでしょう。しかし、問題解決力が高いからと言って、問題定義力も高いとは言えないものがあります。

私は名古屋商科大学の社会人大学院MBA（経営学修士号）コースで、社会人学生に対して経営学を教えてきました。私の経験上、全員がそうだと言いませんが、授業で問題定義をさせようとすると、フリーズしてしまう学生も多く見受けます。

一方、私は日経BPが主催する日経ビジネス「課長塾」というミドルマネジャー向けの講座で講師をしています。こちらでは先の大学院とは異なり、最初から「問題定義力を身に付ける」と銘打った講座を企画し受け持っています。受講生は、問題解決一辺倒のやり方に限界を感じているからこそ、問題定義を教える講座に注目するわけです。そうした課長を講座に送り出してくる上司や教育担当者もそうでしょうし、本人は今までの自分の行動に疑問を感じています。それだけに問題意識が高いとも言えます。

受講者に話を聞くと、従来のやり方ではうまくいかないという声ばかりです。「商品を企画しても持続的に売れるものができません」とか、「マーケティング調査をしても全然ニーズが見えてきません」といった悩みです。

それは当然です。活動の足場が、過去の延長線上、つまり現在のニーズや不便というすでに見えているギャップを問題として捉え、そのギャップを埋めるという「現在の問題を解決する」というアプローチから抜け出せていないからです。

私は本書で述べるインクルーシブデザインに日々取り組むことで、未来思考型リーダーとしての行動特性を身に付けることが可能になると考えます。

本書は、これから求められる未来思考型リーダーの人材像をベースに、そうした未来思考型リーダーの育成、ＳＤＧｓ時代の課題解決を進めるためのインクルーシブデザインの方法論、具体的な手法について解説します。このようなイノベーション力の向上と併せて、ＳＤＧｓ時代における企業組織の持続的な発展、また超高齢社会とどのように共生すべきか、その可能性についても探っていきます。

第１章では、まずインクルーシブデザインの方法論やリードユーザについての理解を深めます。第２章では実践編として、インクルーシブデザイン・ワークショップの具体的な手法を理解していただきます。そして第３章では、未来思考型リーダーの特徴や特性に触れた上で、いかにしてインクルーシブデザインが未来思考型リーダーへのチェンジを可能にするのか、あるいは組織でどうインクルーシブデザインに取り組み未来思考型リーダーを育成していくかを論じます。

ぜひ本書を通じて、これから必要とされる未来思考型リーダー、そしてインクルーシブデザインの考え方、インクルーシブデザイン・ワークショップの手法への理解を深めていただき、皆さんご自身のイノベーション力強化に役立てていただけましたら幸いです。

第1章

インクルーシブデザインの威力

1-1

インクルーシブデザインと「リードユーザ」を理解する

第1章では、インクルーシブデザインの概念や先進事例、インクルーシブデザイン・ワークショップの手法について、詳しく見ていきます。まずはその概念から説明していきましょう。

インクルーシブデザインとは何か

皆さんは「どなたでもご利用ください」と表示された「車いす対応トイレ」を見かけたことがあるでしょうか。都市部の駅やデパート、公共施設などで見かける「車いす対応トイレ」は、誰でも利用できるユニーバーサルデザイン（ＵＤ）の考え方に基づいています。この多機能化された日本の「ＵＤトイレ」は今、世界で一番進んでいるといわれています。

しかし、よく見てみると置いてあるゴミ箱は足踏みペダル式です。いったい車いすユーザーはどうやって使うのでしょうか（図１-１）。実は、こんなちょっとちぐはぐなユニバーサルデザインが、日本にはあちこちにあります。

なぜそんなことが起こっているのでしょうか。それは企画設計のほとんどを健常者が担当しているからです。できたトイレに車いすユーザーを呼んできて、使ってもらって意見を聞くことは確かにやっています。しかし、ユニバーサルデザインの考え方には、もともとの取り掛かりの部分となる企画設計の段階から一緒にやるということは、組み込まれてはいないのです。

こうした米国生まれのユニバーサルデザインに対して、インクルーシブデザインは、英国ロンドンで生まれました。インクルーシブデザインではその名前の通り、従来はデザインやビジネスの対象からエクスクルード＝除外されてきた人たち、つまり高齢者や障害者といった多様な人たちを、ビジネスやデザインの上流から巻き込む＝インクルードします。そうして生まれたデザイン手法が、インクルーシブデザインなのです。

図1-1　ユニバーサルデザインの考え方に基づく「UDトイレ」の落とし穴とは

ペダル式のゴミ箱？

車イスユーザーには使えません

（出所：インクルーシブデザイン・ソリューションズ）

未来の社会課題を浮かび上がらせる「リードユーザ」

このインクルーシブデザインを行っていくうえで大事な役割を果たすのが、「リードユーザ」です。私たちインクルーシブデザイン・ソリューションズでは、高齢者や障害者、外国人、3歳未満の子どもを連れた母親といった人々の中で特に、障害を持ち日常生活に不便を感じながらも、その解消のために創意工夫をしているアクティブユーザーのことをリードユーザと定義しています(極端ユーザーとも言っています)。

私たちが契約しているリードユーザは現在、東京、名古屋、大阪を中心に全国で240人います。私たちのワークショップや企業研修などで、コーディネーター/ファシリテーターなどとして活躍しています。

一般的に障害者は国の年金に頼ったり、ガイドのサポートに頼ったりという依存型の生活をせざるを得ないことが多いのですが、彼らは自立型生活を目指しています。何もかも自分で行うのです。ですから、都心部にある私の事務所で体験会や勉強会を開催するときも、ほとんどのリードユーザは1人でやってきます。

リードユーザは自分の障害に関する情報を、体験会の参加者など誰に対しても提供・

共有することができます。自分の障害を自慢するようにも話すことができるのです。多くの障害者は自分の障害をあまり話したがらないものですが、彼らは違います。

実はリードユーザが自分の障害について話せば話すほど、聞き手には未来の超高齢社会の姿が見えてきます。私たちが高齢者となって将来遭遇し得る障害はどのようなものなのかを予測できる。いわば、未来に起こり得る社会課題が理解できるのです。そうした、トレンドを一歩も二歩もリードしているという意味で、リードユーザと呼んでいるわけです。

また、彼らは生活上の不便について企業や社会が悪いと考える「他責思考」ではありません。例えば、「私がホームから転落する危険をなくすためにホームドアを付けろ」といったようなことは決して言いません。

そして、コミュニケーション能力が非常に豊かです。例えば、目が見えない人は音だけで「今日、井坂さん、機嫌が悪いでしょう」と言い当てます。「何で分かるの?」と聞くと、「いや、足音が冷たい音だったから」と言うのです。リードユーザは本当に何らかの特殊能力を持っているのではないかと思うほど、そうしたコミュニケーション能力が豊かです。

社会の矛盾や組織の不整合といったマイナス面についてもきちんと理解しています。正しいことだけですべてがまかり通る社会ではないということです。そのため、企業の組織向けコンサルティングや企業研修のコーディネーター／ファシリテーターができるのです。ただの障害者ではないのです。

先に述べたように不便を楽しむという概念もあります。少々不便でも、それをどうやって楽しむのか。全盲のリードユーザが自動販売機で「じゃあ、水を買おう」と思ったとき、目が見えませんから、どれが水のボタンなのか分かりません。そのときは、自動販売機をロシアンルーレットだと思って、ボタンを押して、「あー、コーヒーが出てきちゃった」という楽しみ方ができる人たちなのです（図1‐2）。

実は不便を楽しむという概念は、これから環境制約や身体制約がどんどん進んでいく社会の中では、素晴らしいお手本になります。これまではあらゆるものの利便性を追求して、便利なものをさらに便利にしてきました。しかし将来、燃料やエネルギー、食糧や水がなくなってくると、どうしても我慢を強いられることになりそうです。

そのとき、我慢ではなく、その不便を受け入れながら、どう楽しみに変えていくのか。そうした概念がビジネスをしていく企業には非常に参考になるのです。リードユーザを

図1-2　リードユーザの概念

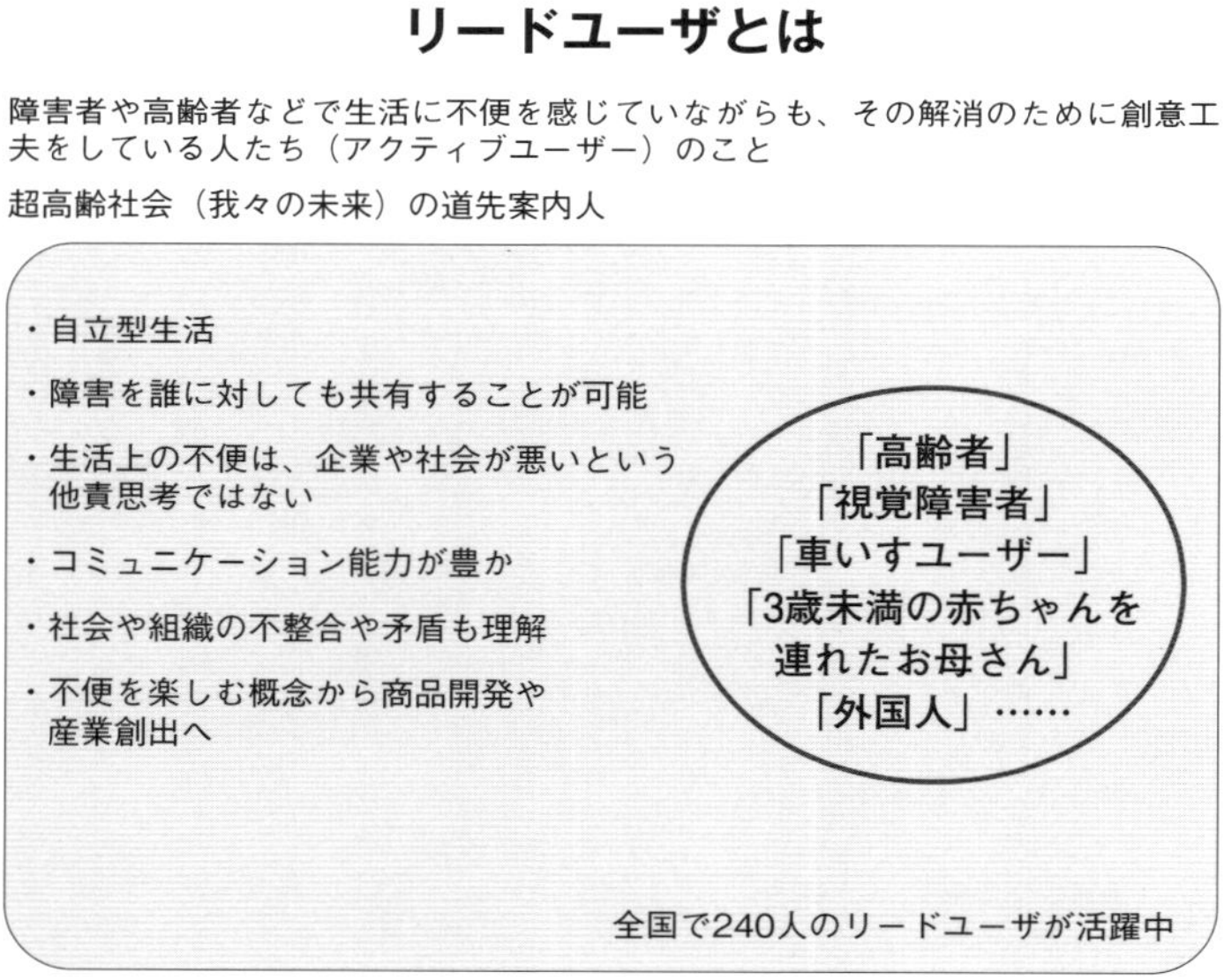
リードユーザとは
障害者や高齢者などで生活に不便を感じていながらも、その解消のために創意工夫をしている人たち（アクティブユーザー）のこと
超高齢社会（我々の未来）の道先案内人
・自立型生活
・障害を誰に対しても共有することが可能
・生活上の不便は、企業や社会が悪いという他責思考ではない
・コミュニケーション能力が豊か
・社会や組織の不整合や矛盾も理解
・不便を楽しむ概念から商品開発や産業創出へ
「高齢者」
「視覚障害者」
「車いすユーザー」
「3歳未満の赤ちゃんを連れたお母さん」
「外国人」……
全国で240人のリードユーザが活躍中

（出所：インクルーシブデザイン・ソリューションズ）

観察することで、未来に起こり得る社会課題をリアルに理解することができるようになります。それは決して、まったくの想像ではないのです。

リードユーザを育成してきた

ここで念のため言っておきたいことは、私たちインクルーシブデザイン・ソリューションズは、障害者支援団体ではないということです。一般の障害者とリードユーザとはまったく違います。

私たちは今、東京都と一緒に「リードユーザ育成プログラム」というものに携わっています。一般の障害者や高齢者、外国人の中で、持続的な社会づくりにもっと貢献したいという人たちを中心に立ち上げたものです。給料も一般の人と同じようにもっと稼ぎたい、自分も社会や企業の役に立ちたい。しかし、そういう場がないという人たちに、門戸を広げようという狙いです。現在無償でこのプログラムを提供しています。

例えば愛知県にある自動車会社には、現在4人のリードユーザがいます。そのリードユーザの人たちは会社にきちんと話をして有給休暇を取って、私たちのワークショップにも参加してくれています。人によって違いがありますが、日給1万5000〜5万円くらいまでの幅で報酬をお支払いするようにしています。

例えば1万5000円の日給でも、20日間働けば30万円です。こうして、一般の人とそれほど遜色ないように生きることができる社会をつくる。それによって、国が社会的弱者を支えるという社会から、社会的弱者が主体的・自立的に生きていける社会へと、少しずつ舵を切っていこうというのが私たちの一番の理念です。

そもそも私は企業研修や商品開発のコンサルティングをやりたくて、起業したわけではないのです。当初は「社会的弱者が主体的・自立的に生きていける社会を実現する」という理念ありきで事業をスタートしました。しかし、独立して最初の3年間はまったく仕事になりませんでした。

よく覚えていることがあります。ある上場企業の特例子会社に営業に行ったときのことです。いわゆる障害者を採用する子会社です。当時は、おそらくそんな会社が240社くらいあったと思いますが、どの会社も私の話には乗ってくれませんでした。

「なぜか」と私も考えました。そのとき、その特例子会社の社長がこう言ったのです。

「井坂さんね、特例子会社というのは、障害者をたくさんお預かりして1日対応していれば、仮に会社が傾いても、唯一つぶれない子会社なんです。そこにいる社員、マネジャー、役員、社長は、上場企業、本社からの天下りみたいなもの。この人たちにはあんまり活躍してもらうと困る。障害者の雇用率2・4％をグループとして守れれば、それで十分なんです」

そのためにその子会社では、目の見えない人、耳の聞こえない人、歩けない人、知的障害などを持つ人といったように部屋を分けて作業をしているのです。「あなたは見えないから電話番してくれる？」と。でも、電話なんかかかってきません。「あなたは車いすだから、社内便を取りに行って仕分けしてくれる？」と。でも、あまり早くやると退社時間の夕方5時までに仕事がなくなってしまうから、もっとゆっくりやってほしいといったようなマネジメントがなされていたわけです。

そのため、私たちが訴えていた社会的弱者の「自立」という言葉は、まったく刺さりませんでした。そこで今度は、ある障害者団体に行きました。そうしたらもっと怒られたのです。

「何を言っているんですか。目が見えない人を1人歩きさせて、けがをさせたら誰が責任を取るんですか。サポートを付けるんです。そのために国から毎年助成金をもらっているんですから。1人でできたら、助成金がもらえなくなります」

この分野にはある種の既得権も生じています。例えば知的障害の分野などには、私たちもこの8年間、一切手出しができていません。すでに英国などでは自立の実現に向けて動き出しているのですが、日本では今も先のような団体が反対している。それは彼らの仕事がなくなってしまうからなのか。いずれにしても社会を変えていくには、私たちのパワーだけではまだまだ不十分なのです。

そこで、事業をスタートして3年経った頃から、少し舵を切り直して今度は重心を企業軸に置き換え、企業に対して「イノベーションを起こしたくないですか」「新規事業をつくりたくないですか」「社員の視点を拡大したくないですか」というようにアプローチしていったのです。そして、方法論としてインクルーシブデザインを採用することで、次第に認知されていくことになりました。

リードユーザは楽しみに置き換えるスキルを持っている

私たちが契約しているリードユーザは、いろいろな制約の中で、その制約をどう楽しみに変えるかという〝置き換えのスキル〟も持っています。つまり、問題定義と問題解決の両軸を彼らは持っています。こういう人たちが今、全国に240人いるのです。視覚障害、聴覚障害、車いすユーザー、外国人、3歳未満の赤ちゃんを連れているお母さん、高齢者……。こういった人たちがリードユーザとして活躍しています（皆さんがこの本を読んで個人などでワークショップを開催されるときは、外国人、高齢者、3歳未満の赤ちゃんを連れているお母さんなどをリードユーザとしてもいいでしょう）。

ちなみに世間では、バリアフリー、ユニバーサルデザイン、インクルーシブデザインの違いを混同している人たちがよくいます。特に地方自治体がそうなのですが、まずバリアフリーというのは、「段差が乗り越えられない人がいるから、オールフラットにしましょう」ということです。そのフラット化を実現する際、お金は誰が出しているのかというと、ほぼ地方自治体や国が出しています。

こうした場合、地方自治体や国のお金が回っているうちは、段差があればフラットにできます。しかし全部はできませんし、どこまでできるかは国や地方自治体の予算によります。私たちはこうしたケースを依存型と言っています。

その意味で言えば、例えばこれまでの福祉は依存型でよかったのでしょうが、予算を確保できなくなるようなことがあると、社会的弱者が生活できなくなる恐れがあります。依存型で、他者に頼っているだけではいけない。それが私たちの問題意識です。

誰にとっても使いやすい、分かりやすいことを目指す

こうした社会的弱者のためというバリアフリーの概念に対して、ユニバーサルデザインとインクルーシブデザインは、障害者や高齢者だけではなく、すべての人たちを対象にしています（図1-3）。誰にとっても使いやすい、分かりやすいことを目指しているのです。

例えば段差というものがあったとしたら、階段、エスカレーター、エレベーターというように利用できる選択肢を増やしていきます。そうすれば「今日はちょっと食べ過ぎたから階段を使おう」「今日は荷物を持っているからエレベーターに乗ろう」といったように、その時々の状態や個人の属性に応じて誰もが選ぶことができます。

このように利用者が自分自身で選択ができる、かつ、それによって、その場を提供する企業なども何かしらの付加価値を得ることができる。実際、ほとんどのビル施設にはこうしたものがすべてそろっています。それは企業が全部お金を出している。その意味では、今は社会自体が自立型の方向に少しずつ向かっていると言えるのかもしれません。

そしてユニバーサルデザインとインクルーシブデザインの違いは、企画設計、いわゆ

図1-3　バリアフリーとインクルーシブデザイン、ユニバーサルデザインの違い

3つの違いとは？

バリアフリー	ユニバーサルデザイン	インクルーシブデザイン
障害者・高齢者のために	全ての人が対象	全ての人が対象
生活に障害となる物理的な障壁の削除	誰にとっても使いやすい・分かりやすい「モノ」や「コト」へ進化	
フラット化  スロープ化	 階　段  エスカレーター	 エレベーター

（出所：インクルーシブデザイン・ソリューションズ）

るビジネスの上流段階から、障害者や高齢者といった当事者をインクルードしているかしていないか。その違いだけなのです（図1-4）。これをしっかり覚えておいてください。

私たちはインクルーシブデザインを活用して、支援に頼らずに自らの力で切り開いていくという自立型社会の実現を目指しています。そのため、企業をコンサルティングするときはいわゆる自立型の事業、自立型の商品やサービスをつくれるようにサポートします。あるいは自立型＝主体性を持った人材育成のためのアドバイスをしていく。そこをゴールにしているのです。

図1-4　ユニバーサルデザインとインクルーシブデザインではどう違う？

ユニバーサルデザインとインクルーシブデザインの違いとは

ユニバーサルデザイン		インクルーシブデザイン
UDトイレ	事　例	羽田空港国際ターミナル
健常者中心	企画設計	**当事者・健常者**
どうしても見過ごしてしまう点がある。車いすユーザーが使うはずのトイレに足踏みペダル式のゴミ箱が置かれている	特　徴	極端ユーザーの工夫や視点を借りることで「誰にとっても分かりやすい、使いやすい」を追求した東京の玄関

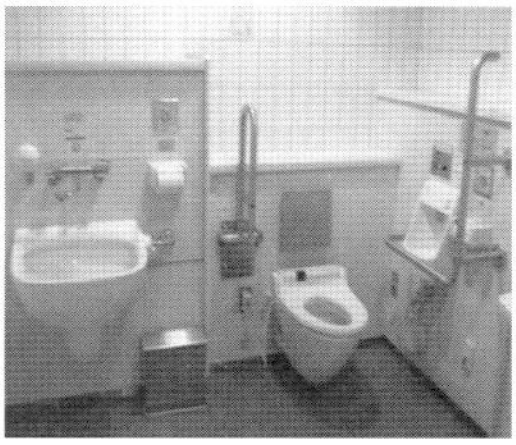

（出所：インクルーシブデザイン・ソリューションズ）

1-2

インクルーシブデザインの好事例

羽田空港国際線ターミナルはインクルーシブデザインを採用

今、インクルーシブデザインの一番いい例としては、羽田空港の国際線ターミナルが挙げられます。企画設計に2年半かかり、たくさんのリードユーザたちを交えて考え、企画したターミナルです。そのため、実はターミナル全体をよく見ると、黄色い点字ブロックが一部にしかありません。視覚障害の人に聞くと、実際には使えない場合があるという人が多かったからです。

なぜか。点字ブロックには確かに、信号機の前にあり、そこが信号機の前だと分かるといった利点があるのですが、その点字ブロックの先については、例えばトイレにつながっているのか、エレベーターにつながっているのか、どこにつながっているのか分からないのです。

点字ブロックは単に安全に歩くための道標であるので、実際に集まったリードユーザたちは、そうした場合に「いらない」と言います。というのも点字ブロックは、他の車いすユーザーにとっては通路がボコボコになって車輪が不安定になりますし、キャリーバッグを持っている人にとっても進みにくいというデメリットがあります。ハイヒールを履いている人から見ても、点字ブロックは大きな敵でしょう。

今の点字ブロックは多くの人にとって使い勝手が悪く、楽しくないのです。本当の視覚障害者、全盲の視覚障害者のためだけの点字ブロックになっている。それでは使いにくい。ならば、必要性の低いところでは取っ払ってしまおうということです。

日本では国土交通省のＪＩＳ規格などで、公の場所では点字ブロックを設置するように定められています。こうした中で羽田空港の国際ターミナルは、点字ブロックの設置をリードユーザの視点から考えた上で、さらに初めて日本に来た外国人でも使いやすい、分かりやすいということを目指したのです。

では、結果はどうなったのか。まず飛行機を降りてから先、インフォメーションのコーナーまでは黄色い点字ブロックが引いてあります。それは視覚障害だけではなく、初めて来た外国人にも「これをたどってください」と示しているのです。

点字ブロックを道標にきちんとたどっていけば、必ずインフォメーションコーナーまでたどり着ける。そこまで行けば人間が全部サポートしますというようなやり方で、ハードとソフトのいわゆる両軸を組み合わせて解決したのです。

羽田空港にある第1旅客ターミナルや第2旅客ターミナルは20〜30年前の設計です。今改修工事をやっていますが、昨年、我々のインクルーシブデザインのワークショップですべてのチェック項目を挙げたうえで、改修すべき変更点を提案しました。まだすべての工事は終わってないので、今なら国際線ターミナルと第1旅客ターミナル・第2旅客ターミナルとを比較することができます。

セブン銀行のATMの魅力とは

また、リードユーザが関わったインクルーシブデザインの具体的な事例としては、セブン銀行のATMがあります。皆さんはご存じかもしれませんが、セブン銀行のATMは、セブン銀行とNEC、そしてリードユーザが加わって企画設計されています(図1-5、図1-6)。

その結果として、セブン銀行のATMは障害者だろうが、高齢者だろうが、外国人だ

図1-5　セブン銀行のATMは「みんなのATM」

セブン銀行のATM

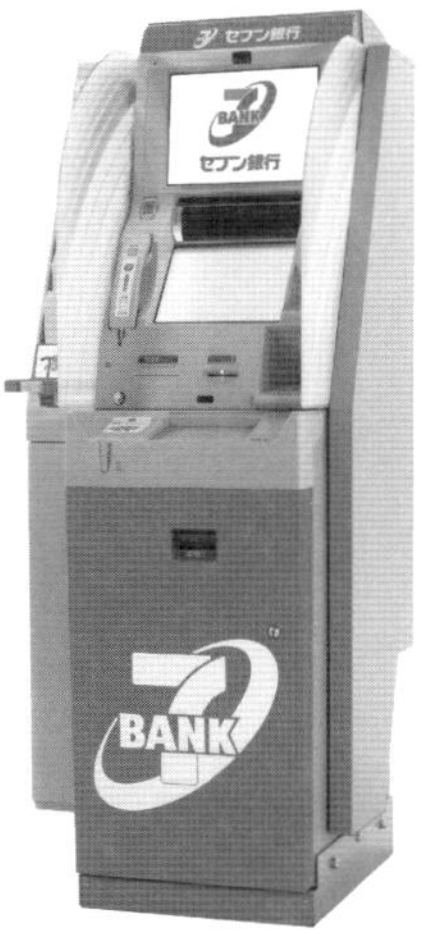

- 開発段階から視覚障害者が関わったATM
（出所：セブン銀行）

- 使いやすいATMが評価され、女性の顧客満足度が第1位
（日本経済新聞朝刊2012年1月12日）

（出所：インクルーシブデザイン・ソリューションズ）

図1-6　イノベーションを起こすために必要な視点・経験の拡大

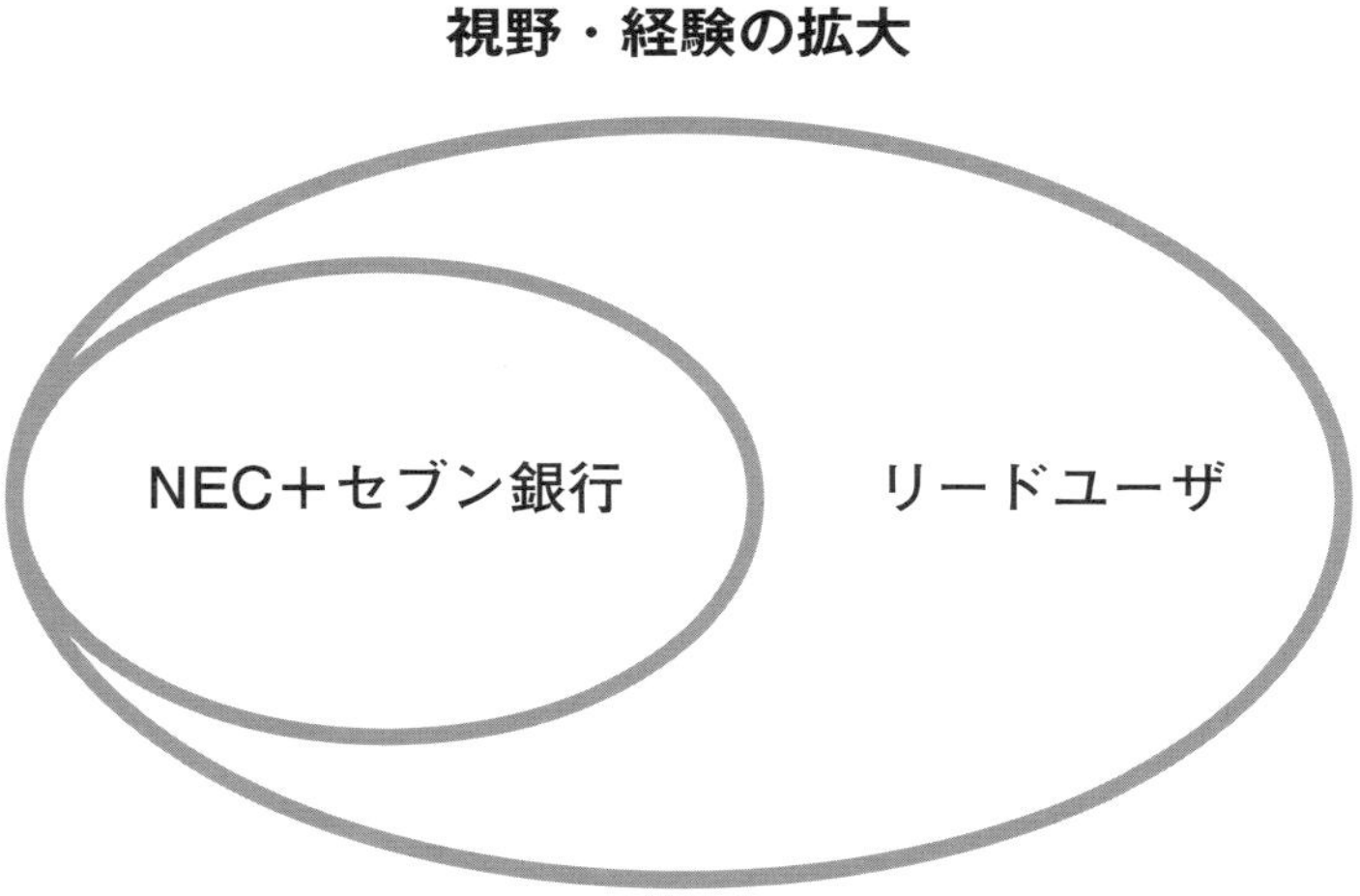

（出所：インクルーシブデザイン・ソリューションズ）

ろうが、誰もが使いやすいＡＴＭとなりました。従って、セブン銀行のＡＴＭには「みんなのＡＴＭ」といった名前が付いています。

一部の障害者のために使いやすいＡＴＭをつくったわけではないのです。こうした誰もが使いやすいＡＴＭを展開したことでセブン銀行は、日本経済新聞社の日経金融機関ランキング（第８回）において、女性の顧客満足度でナンバーワンになりました。やはり、みんなが使いやすいＡＴＭなのです。

では、それにはどのような特徴があるのか。セブン銀行のＡＴＭ設置台数は今、全国で２万５０００台を超え、国内２位の地位にあります。全国に多くの支店をもつゆうちょ銀行に迫る勢いです。

なぜそれほど設置台数を伸ばすことができたのか。その大きな理由として、設置した施設では集客力が上がるという効果が挙げられます。以前はＡＴＭは銀行が家賃を払って、例えば、駅の構内などに置かせてもらうということをしていました。設置には家賃の他に電気代などもかかります。

しかし、今は逆なのです。例えば、高速道路のサービスエリアやショッピングモール、駅のコンコースにセブン銀行のＡＴＭを置いてくださいという要望が増えている。家賃もいらない。電気代も自分たちで払うというのです。それはなぜか。セブン銀行のATMには集客力があるからです。実際、全国のショッピングモールやアウトレットモールには、セブン銀行のATMがたくさん並んでいます。

そして、集客力が高い大きな理由として、他行との提携数が国内トップであることが挙げられます。本来、ライバルであるはずの銀行のほとんどがセブン銀行と提携しているのです。それらすべての銀行のユーザーが、誰もが使いやすく設置場所も多いセブン銀行のATMを利用できるわけです。

大手銀行や地方銀行などにとっても、セブン銀行と提携することで大きなメリットがあります。なぜならセブン銀行は顧客の囲い込みをしないという方針を取っているからです。カードや通帳をつくってくださいという営業も積極的にしていませんし、大手・地方銀行をはじめとした提携金融機関の顧客に、全国2万5000台以上のATMを自由に使ってくださいと開放している状態なのです。

その代わりATMを利用する手数料を、提携金融機関が費用負担することになっています。それでも2万5000台以上のATMを沖縄から北海道まで設置することを考えれば、銀行などにとっては安いコストのはずです。互いに圧倒的にメリットがあるということなのです。

このような提携金融機関がＡＴＭ手数料を負担するという新しいビジネスモデルは、日本の銀行業界に大きなイノベーションを起こすことになりました。もちろん世界的に見てもユニークなケースです。これによって、ユーザー、セブン銀行、提携金融機関、すべてがウィン・ウィンということになったのです。結果として、リードユーザとともに立ち上げたビジネスプロジェクトとしての端的な成功事例となりました。

従来型のマーケティングでは通用しない世の中になった

では次に、適用分野をマーケティングに置き換えて見てみましょう。

これまでのマーケティングというのは、メインユーザーを中心にアンケートを取ったり、調査をしたりして、広くニーズは何かを探り、そのニーズに応えるものをつくる。あるいは、不便を見つけて便利なものを提供するというものでした。例えば、ブレーキを踏まなくても止まる車といったものが、その最たるものでしょう。

ところが最近、こうした手法が通用しなくなってきているのです。「モノ不足」から「モノ余り」の時代になって欲しいものがなくなったということも大きいのですが、なぜかというと、まず時代として多様化が進んで、３００人の被験者を集めてアンケートを取っても「これがニーズです」と明確に言えるものが捉えにくくなった。ニーズと言われても、顕在的なニーズを見つけることは、今はなかなか難しいのです。

こうしたマーケティングの手法は、戦後のようにインフラがなく、本当に不便なところに便利なものを提供してあげたい。そうしたところから始まったものです。ただ多くの企業では、今でもこうした従来型のマーケティングを行っています。社会自体が大きく変わっているにもかかわらず、昔と同じようなことをやっているとしたら、商品もそうそうは売れません。

では、米国や欧州などのグローバル企業、例えばグーグルやアップル、アマゾン・ドット・コム、マイクロソフト、ザラ、ネスレ、タタモーターズ……。そうした名だたる企業は今何をやっているのでしょうか。実はそこでは、独自のユーザー網を使った、私たちが言うところの「リードユーザマーケティング」ということをやっているのです。

グローバル企業のリードユーザマーケティングとは

リードユーザは、１人ひとり個別に社会的な不便をたくさん持っています。前述したように、ユニバーサルデザインとは言っても、いまだ障害者が置き去りにされているような部分もあります。当事者不参加のままの、健常者が考えたユニバーサルデザインであっては、不便なことだらけなのです。

そうしたリードユーザ1人ひとりの不便は、目に見える顕在的な不便とも言うことができます。それに対して、マーケティングの世界でメインユーザーといわれる一般の人たちの不便は、今や生活の満足感も高くなり、多様化も進んでいるので、そうは見つかりません。顕在的ニーズを見つけるのが非常に難しいのです。

そこで例えば、目の見えない1人のリードユーザの不便から、その不便の抽象度を少し上げてみて、「世界中の障害者や高齢者が不便に感じることは何か」という問いをつくる。このようにしてリードユーザの不便から抽象度をさらに上げて、一般的な不便やニーズというところまで置き換えるというやり方をしているのが、今のグローバル企業のリードユーザマーケティングです。リードユーザは制約を極端に抱えている人たちであり、極端ユーザーと言い換えてもいいでしょう。

具体的にはどういうことなのでしょうか（図1-7）。

例えば、携帯電話／スマートフォン「らくらく」シリーズは、メインユーザーとして高齢者や弱視の人を対象にしています。多くの高齢者や弱視の人のために、その不便を解消するためにつくられたものともいえるでしょう。発売以来累計で３０００万台以上が出荷され、国内では今も人気を博しています。

それに対してｉＰｈｏｎｅは、発売10年で12億台の販売。その開発に当たっては、まず極端ユーザー（リードユーザ）の不便から、世界中のコミュニケーション上の社会課題は何かを見通します。具体的には、１人の障害者の不便から、未来の社会課題といえるようなところまで課題の抽象度を上げて、そこから自分たちの強みと掛け合わせて問題定義を行います。そうしてその問題を解決するというやり方でつくり上げていったのが、ｉＰｈｏｎｅではないかと考えられます。

図1-7　iPhoneは新しいマーケティング手法で生まれた

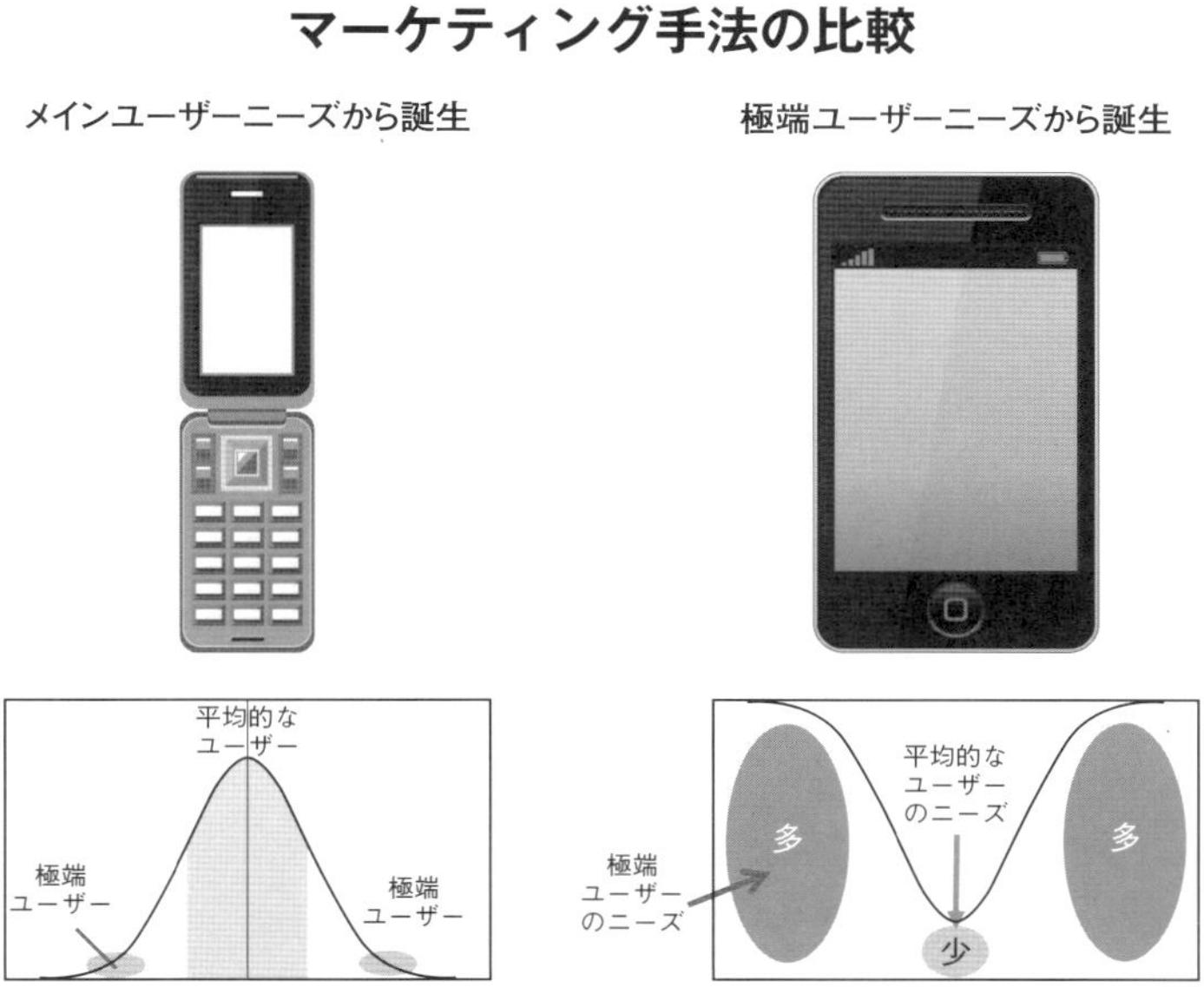

（出所：インクルーシブデザイン・ソリューションズ）

コミュニケーション上の社会課題解決を目指した「VoiceOver」

ｉＰｈｏｎｅを使っている人はちょっと試してみてください。設定の画面の中にアクセシビリティという項目があって、その下には「ズーム」「拡大鏡」「タッチ」「音声コントロール」といった様々な設定項目が並んでいます。これはある意味、どんな属性の人でも自分に合うように操作の設定をカスタマイズできるということです。

その中で、世界中のコミュニケーション上の社会課題を包含した、リードユーザマーケティングの成果とも考えられるのが、一番上の「ＶｏｉｃｅＯｖｅｒ」の項目です。これをオンにすると、画面上の触ったところを読み上げてくれるようになります。そうすると目の見えない人でもｉＰｈｏｎｅが使えるのです。

これによって世界中の視覚障害者が、ｉＰｈｏｎｅを使ってホームページを見に行くことができるようになりました。ここで見に行くというのは、聴きに行くということです。そういう動きが広がっているのです。

メールやＳＮＳをやってみよう。ひいては「Ｇｏｏｇｌｅマップ」を使って音声案内で１人歩きを楽しんでみよう。こういう使い方にも変わっているわけです。

この読み上げる機能は今、目の見えない視覚障害者だけではなく、高齢者など様々な人たちにも使われています。

ｉＰｈｏｎｅでは、この機能を２００７年の発売後から搭載しています。リードユーザの不便から、世界中のコミュニケーション上の社会課題は何かを洗い出し、不便さを抽象化して問題を設定しているため、こうした機能を開発・搭載することが可能になったのです。

大事なことは、マーケティングの幅が広がっているということです。従来型のメインユーザーマーケティングから、これまでは市場が小さいというだけで見向きもされなかったリードユーザマーケティング、インクルーシブデザインへと幅が広がってきているのです。

こうしたことを理解して、今後どうマーケティングしていくのかが重要になります。世の中の変化を意識せずにメインユーザーマーケティングばかりをやっていても、これから良い結果は生まれそうにありません。

しかし日本では、相変わらず同じことをやっている企業がいまだ多い。社会がこれだけ変わった、スピードだ、イノベーションだと言っているわりには、方法論は変わっていないのです。こうした状況は変えるべきでしょう。

あまり代わり映えのしない新商品やリバイバル版の商品をたくさん出して、やっと売り上げをキープしているような事業構造だとすると、そうした商品を出すのをやめてしまうと売り上げは一気に落ちてしまいます。もしかしたら、売り上げを維持するためだけに新商品を出しているという形で、少しおかしな状態になってはいないでしょうか。

そうした状況を打開するためにも、日本企業にとってインクルーシブデザインは大きな武器となってくるのです。

1-3 インクルーシブデザイン・ワークショップの手法

では、ここからインクルーシブデザイン・ワークショップの手法を少し詳しく見ていきましょう。私たちが使っている手法では、まずリードユーザの行動や生活を「観察」します。次に我々が見過ごしているリードユーザ個人の不便から抽象度を上げて、社会課題を考え、そこから本質的な問題は何なのかを「問題定義」する。その後に解決に向けた「アイデア」をチームの中で短い時間でまとめます。そして、誰にとっても使いやすいモノやコトをつくる「プロトタイプ」を経て、「テスト」の評価フェーズに進めていくことが一連の流れとなります。

インクルーシブデザイン・ワークショップの5ステップ

インクルーシブデザイン・ワークショップの手法で採用している、基本となる5ステップについて簡単に説明しましょう（図1-8）。

まずステップ1は、「観察」のためのフィールドワークになります。フィールドワークでは、リードユーザと一緒に街に出て、電車で移動したり、買い物をしたり、食事をしたりします。こうしたフィールドワークを様々な場所で1グループ5〜6人でやります。メンバーはリードユーザの行動を観察して、何が見過ごされている不便なのかということをまず見つけて帰ってくる。これがステップ1です。

例えば、車いすユーザーは高いところには手が届かないという不便があります。だいたい110センチメートルぐらいの目線から棚を見ると、上のほうの価格表が蛍光灯の光でハレーションを起こしてしまって、まったく見えません。届かないうえに、どんな商品なのかも実は見えていないのです。こうしたことを観察から見つけて帰ってくるというのがフィールドワークのリサーチになります。

ステップ2は、観察して戻ってきてから、リードユーザと一緒に街に出て見つけた〝不便なところ〟をみんなで付箋に書き出しながら、何が問題なのかを見つけていくという作業になります。これを「問題定義」と言います。

ステップ3は、その問題を解決するためのアイデアを、まずは無制限に考えてみる「アイデア」のフェーズです。無制限にとあえて言うのは、これまでの過去の経験上で考え

図1-8　インクルーシブデザイン・ワークショップで採用しているインクルーシブデザインの流れ

「観察」
リードユーザの生活を観察

↓

「問題定義」
見過ごしている不便から社会課題を抽出
本質的な問題は何かを定義

↓

「アイデア」
解消に向けたアイデアを共に考え

↓

「プロトタイプ」
短時間でモノやコトの試作品を作成

↓

「テスト」
誰にとっても使いやすいモノやコトへ

（出所：インクルーシブデザイン・ソリューションズ）

ていると似たり寄ったりのものばかりになってしまうからです。ドラえもんの「どこでもドア」やタイムマシンのように、以前に考えられたものでも、いまだに実現できていない。そんなアイデアを考えてみます。この段階では、商品やサービスの実現性は考慮しなくていいのです。視点を思い切り拡大する。この視点拡大によるアイデア出しがステップ3になります。

ステップ4は、ドラえもんの「どこでもドア」のアイデアはそのままだと商品になりませんので、そのアイデアを試作品に収束させていく「プロトタイプ」のフェーズです。既存の商品やサービスに寄せていくのですが、そこで寄せ過ぎてしまうと、たちまちレッドオーシャンに入ってしまいます。

そこにはすでに有力なライバルたちがたくさんいます。そのため、視点を思いっ切り広げて、ドラえもんの「どこでもドア」と既存の商品の間で、どのあたりがいい案配で革新的なのか。社会から受け入れられるギリギリのところを探していくのです。

できれば何度も探して、いい案配の場所を見つけていきましょう。これがステップ4の一番のポイントになります。しかし、急いで試作品をつくり始めても、その試作品の質を上げるところに時間をかけ過ぎてしまって先行するチャンスを逃している。それが今の日本企業の現状でもあります。

ステップ5は、その試作品を発表して評価を受ける「テスト」。リードユーザやほかのメンバーから意見や評価をもらいます。このテストを経た後に、もう1回ステップ1に戻るのです。これを何十回と繰り返していく。その回していくプロセスの中でアイデアがより熟成され、商品だけでなく組織の問題、ライバルやステークホルダーとの関係などを含めた様々なイノベーションのヒントが見つかるのです。これがインクルーシブデザイン・ワークショップの一連の流れになります。

英米のイノベーション手法を融合

私たちがこうした手法のベースとして使っているのは、英国生まれのインクルーシブデザインです。これはケンブリッジ大学が考えたイノベーションのための方法で、リードユーザを観察して、問題定義をして、試作品をつくる。これを短時間で回していきます。

ただ、これはプロセスが細かすぎるので、米国のスタンフォード大学が考えたイノベーションの方法であるデザイン思考を組み合わせています（図1-9）。

日本には、主にこのスタンフォード大学のデザイン思考が入ってきています。私たちインクルーシブデザイン・ソリューションズのワークショップでは、リードユーザを観察して問題定義をしてアイデアを膨らませ、プロトタイプをつくり、またユーザーに評価してもらう。この5つのプロセスを回すという両方のいいとこ取りをしています。

スタンフォード大学のデザイン思考を導入している企業は多いのですが、うまくいかない場合には、理由がいくつかあります。

一つは、デザイン思考では「一般の人」を観察していることです。一般の人を観察して顕在的な不便を見つけなさいと言われても、実際にはこれがなかなか難しい。

私たちが携帯電話やパソコンを使っている人を後ろから眺めて顕在的な不便を見つけろと言われても、そう簡単には見つかりません。人の行動を細かく調べる、いわゆるエスノグラフィー調査の専門家のような、観察力の優れた人でなければ難しいということも多いのです。ですから私たちは、通常のデザイン思考と違い、リードユーザを観察するというやり方に変えています。

もう一つは、問題定義の方法です。例えばデザイン思考では、車いすユーザーを観察して、駅の段差が乗り越えられないことを不便と捉え、その段差を乗り越えられないと

図1-9　インクルーシブデザイン・ワークショップの概念図

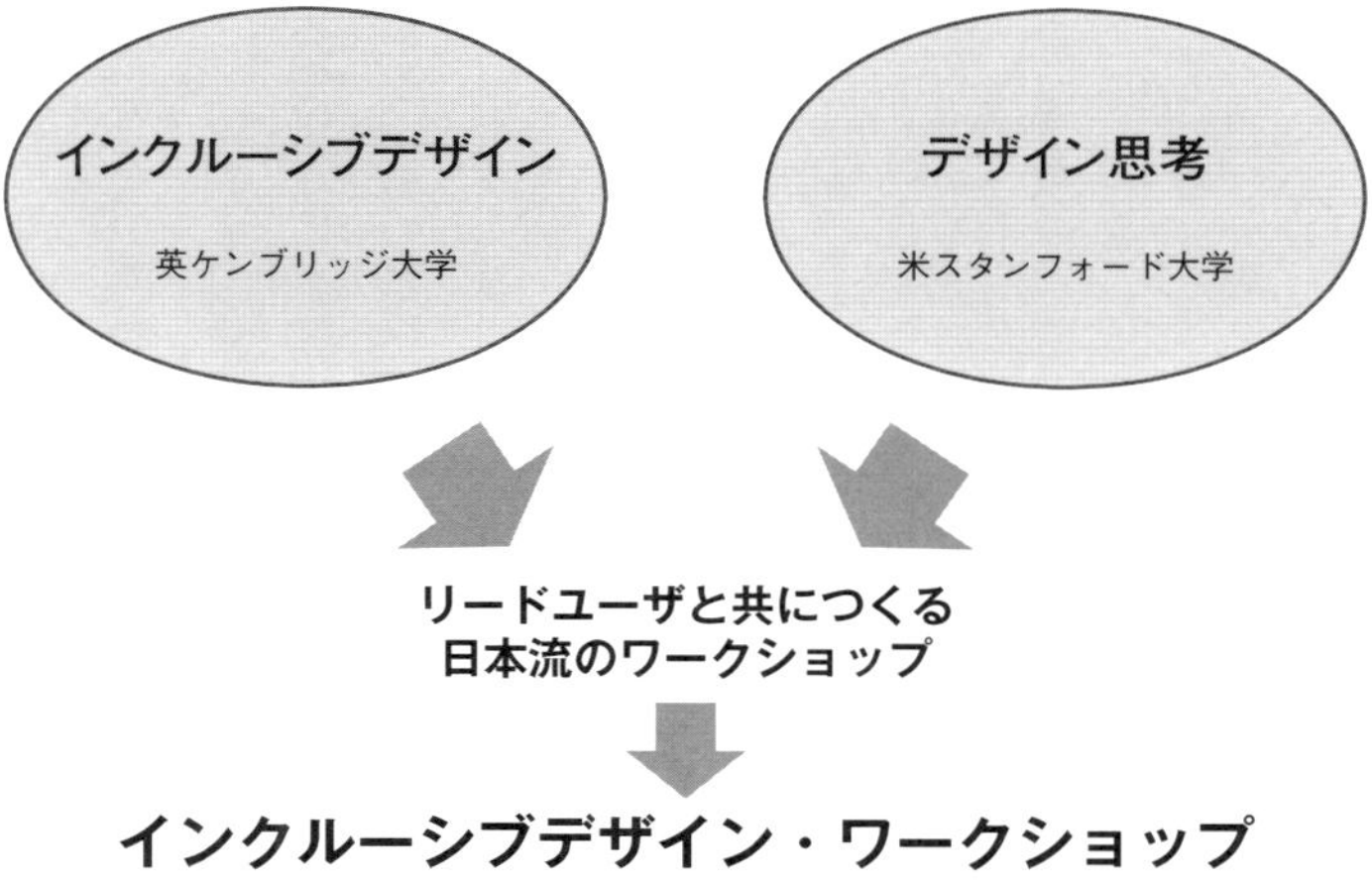

（出所：インクルーシブデザイン・ソリューションズ）

いうニーズに対して、例えばキャタピラー付きの車いすのようなものをつくってしまう傾向があります。これでは観察した不便をそのまま問題として捉えていることになり、イノベーティブな商品やサービスは生まれにくい。大事なことは、不便＝ニーズというこれまでの習慣から離れるということなのです。

観察してニーズが見つかる。そして、すぐにアイデアを出して、ソリューションを求める。そこにビジネスモデルやマネタイズできる仕組みをつくって商品化すれば、それで出来上がり――。それが今の日本のマーケティングやビジネスコンテストなどの現状ではないでしょうか。単なるアイデアスタートになってしまいがちです。

ニーズとアイデアの間で問題定義する

インクルーシブデザイン・ワークショップでは、このニーズを見つけ、アイデアを出すというプロセスの間にある、問題定義を重視しています。ニーズは分かるが、その根底にある問題は何なのかを掘り下げるステップです。

リードユーザの不便は未来の社会課題をも包含していると言えるため、私たちも一緒に未来の問題定義とは何かを考えることが可能になるのです。

例えば、２０３０年、環境制約や身体制約が増えたときに、社会にはどんな問題が起こるのか。例えば、外国人が増えて、多様性への適応力が問われ、それに対してついていけない日本人もたくさん出てくるはずです。

しかし、これは現象です。では、そこで問題になるものとは何でしょうか。例えば問題の一つとして挙がるのは、人間活動の肥大化ということ。こうした問題定義を徹底的にやっていくことが非常に重要になってきます。

問題定義においては、未来の社会課題と自社の強みを合わせて考えることが重要です。しかし、意外にも日本企業はこの自社の強みがなかなか言えないのです。言うことができるのは、自分の会社の技術力、スキル、特許といったように何でも、ユーザー軸ではなくて自社軸からの見方に偏る傾向があるのです。

ここで求められる自社の強みというのは、ユーザーに対してどんな価値を提供しているかということなのですが、それがなかなか言えない。例えば、自分の部署以外にどんな強みがあるのかまったく知らない、ということも多いのです。

ですから、自社の強みを言えるようになるだけで、それまで埋もれていた強みを生かして本当にいくらでも新商品や新規事業が生まれるはずなのです。どうも皆さんは強みを知らなすぎるのです。私はこれまで280社くらいの上場企業のお手伝いをしていますが、ほとんどの皆さんはここでつまずいてしまいます。

自社の強みが分からないという人には、次のようによく説明します。

例えば、吉野家の強みとは何か。吉野家がソリューションとして提供している商品は牛丼です。自社軸で考えると、牛丼の強みは調理法などかもしれません。しかし、ユーザー軸で考えれば、「速い・安い・うまい」ということが分かってきます。

多くの皆さんは、自分の目の前の商品を売らなければならないという制度設計の中で働いています。ですから、他の部門への興味も湧かず、自分の商品のことには詳しいが、ユーザーにどんな価値を提供しているのか分からないといった状況に陥っているのかもしれません。

多くの日本企業では、この問題定義のところが非常に弱い。そのせいでデザイン思考などを導入しても、うわべだけのものになってしまいがちなのです。また、日本企業は試作品づくりに多大な時間をかけて精緻なものをつくってしまいがちです。それでは動きの速いマーケットでは勝てません。私たちのワークショップでは、インクルーシブデザインの説明を含めて、3時間30分しか時間をかけません。

次の第2章では、いよいよワークショップの進め方について詳説していきます。

第2章

実践 インクルーシブデザイン・ワークショップ

2-1 ワークショップの進め方

まずチームをつくろう

私たちは、企業のビジネスパーソンなどを対象にしたインクルーシブデザイン・ワークショップ体験会や、企業へのコンサルティング業務などの一環として、ワークショップを開催・支援するなどしています。このワークショップでは最初に1チーム5人程度のメンバーに対して、1人のリードユーザを入れます。それが3チーム、5チームといったイメージになります。

ワークショップでは、チームごとにどんな属性のリードユーザを組み合わせるのかを考慮します。それを5チームあれば5チーム分、バラバラに気付きが生まれるように準備する必要があります。そのためにもチームメンバーはなるべく多様性を豊かにすることが大事になってきます。年齢層や性別、キャリアを多様化する、場合によっては新卒、営業、経理とバックグラウンドの異なるスタッフを混ぜて入れてみてもいいでしょう。

大事なことは商品開発やマーケティング担当者だけで固まらないようにすることです。そうしたことも事前準備では重要になってきます。特に日本企業の場合、同じマーケティングのメンバーだけでワークショップを組もうとするケースが多々ありますが、それではうまくいきません。どうしても過去の延長線上の結果になってしまいます。

実際には、参加する人のほとんどが新規事業開発やR＆D、社長直轄のプロジェクトのメンバーといった場合が多く、こうした場合いざふたを開けてみると、みんな金太郎あめで同じようなタイプということもあります。経営企画経験者、マーケティング経験者といった人たちは、どうも思考が似通う傾向があるようです。観察に行って見つけてくる不便もみんな同じようなものになってしまい、アイデアも限られてきます。

そのため最初は、ワークショップに参加するメンバーを少しでもいいですから、多様化することが重要になります。多様化することによって、すべてのプロセスで解が一気に増えます。解が増えると選択肢が増え、ビジネスにイノベーションを起こせる可能性も広がります。ワークショップを重ねるにつれて経験者の参加も多くなってきますが、4割以上は新しいメンバーを入れたいところです。

企業の場合は、新卒を必ず入れる

私たちがコンサルティングをしている企業では、ワークショップを開く際に、いろいろな事業部に話を振って事業部から1人ずつ選抜でメンバーを出してもらうという選抜方式を採っているところもあれば、1年間かけてこういう新規事業プロジェクトをするのでということを全社的に広報して挙手方式でやりたい人を集めている企業もあります。ちなみに後者のやり方でメンバーを集めている企業のほうが、実際のプロジェクトでも熱心で長続きしているような印象を受けます。

また、多様化という点では、特に性別が大きい。男性だけでも駄目ですし、女性だけでも駄目です。やはり男女両方がいたほうがいいでしょう。

そして年齢層の多様化も大事です。私は必ず新卒の人を入れてほしいと言っています。新入社員の柔軟な若い頭から、ビジネスをある程度経験した人、マネジメント経験のある人まで、幅広い年齢層を入れてほしいのです。

そうすると不思議なことにこのワークショップが始まると、上司と部下の間の遠慮がなくなってくるのです。なぜかといえば、これまでの経験値があまり関係ないので、新入社員だろうが経験者だろうが、ひらめいたり感じたりすることが誰でもできる。むしろ若手のほうがいいひらめきや、いいアイデアを出したりします。逆におじさんたちのほうがお手上げになってしまう場合もあって、みんな平等なのです。普段はあまり話さない上司でも、このワークショップの中では言い合える。そうした環境を最初につくることが大事になります。

参加するときに予備知識は要らない

またワークショップに参加するに当たって、予備知識は要りません。むしろ勉強をしてこないほうがいい。企業研修などでは事前に本を読んだほうがいいといったことがありますが、一切読まないで参加してください。何の固定観念も持たず、フラットな状態で参加することが大事なのです。

このため、主催者側はテーマも事前に知らせないようにします。当日参加してもらって、いきなりテーマを発表します。頭の準備をさせないようにするのです。

特に社会人はいいアウトプットや発表をしよう思って、時間をかけて準備をしてくることがあるので、そうならないようにあえて当日にテーマを発表するのです。

ときどきワークショップのテーマが自分の考えたものと全然違うというクレームをつけてくる人がいます。しかし、ワークショップからの気付きは、個人の目の前の仕事とは別のところにあります。異なる視点が大事ということを忘れないようにしてください。

R&Dやイノベーションセンターといった部署から参加する人たちは、その多くが、私たちが説明をしなくても目の前の仕事とワークショップの気付きがつながることを理解します。また例えば、ピコ太郎のようにパイナップルやリンゴとペンをつなげて「ペンパイナッポーアッポーペン」になる、そんな発想力を持っている人は、やはり上手にワークショップを活用しているようです。

もともと日本人はまったく無関係のものをつなぐ力を持っています。季節を感じる力や行間を読む力。生まれながらにこんなものを日本人は兼ね備えているのです。本来はそれをビジネスに使えばいいのに使っていない。そこがもったいないのです。「ペンパイナッポーアッポーペン」が世界でブレークしたのは、ピコ太郎がどこまで意識しているか分かりませんが、やはり優れた問題定義をしたからでしょう。

テーマを決める

次はテーマについてです。企業が自社でワークショップを開催するような場合は、そのテーマをなるべく自社の商品から遠いところに置いたものにしたほうがいいでしょう。自社の商品に近いテーマだと既存の思考にどうしても頭が寄っていってしまうからです。テーマとしては、例えば、「超高齢社会の誰もが楽しい観光をデザインする」といったように、フワっとした感じのテーマ設定を行ったほうがいいでしょう。

実はここが、インクルーシブデザインでは大きなノウハウともなります。いかに相手の思考の中にない、思考の外側にテーマを置いて考えさせるか。それが大事になってきます。

例えば企業の場合は一般的に、商品やサービス、事業や地域の中での目標があります。そこでワークショップではこうした目標に応じて、「沖縄県那覇市で地元の人が気付いていない問題を見つけよう」とか、「東南アジアの途上国の社会課題を見つけてこよう」といった大きなテーマ設定をします。

そのときに注意しなければいけないのは、例えば「途上国の人でも使える携帯電話をつくろう」というようなテーマにしないこと。携帯電話の不便を探ろうとしてはいけないのです。途上国の不便からさらに高い抽象度に上げていかないと、本当の社会課題は見えてきません。売れる携帯電話をつくろうとしては駄目。商品を考えるのはあくまで最後で、くれぐれも商品をテーマに置かないようにしてください。商品をテーマに置いてしまうとどうしても固定観念にからめ捕られてしまいます。

企業の場合、商品をつくり替えなければ、売り上げや利益が上がらないこともあるでしょう。そのため、ゴールが見えない状態で「超高齢社会のライフスタイルをデザインしよう」といったテーマ設定をすることに不安を感じるかもしれません。しかし、今はそこから発想しなければ画期的なものが生まれない時代になっていることを忘れないでほしいのです。

メンバーとの関係性をつくる

テーマが決まったら、いよいよインクルーシブデザイン・ワークショップの開始です。チームの雰囲気を和やかにするために、まずアイスブレークを設けます。

最初にメンバー同士で集まって、自己紹介をします（図2-1）。それぞれ自分がどう呼

図2-1　自己紹介の順番

自己紹介

- ニックネームを名札に書いてください
- 自己紹介（最近の楽しかった出来事）
- 体験会参加の目的
- リードユーザからのお願いをチームで共有してください

（出所：インクルーシブデザイン・ソリューションズ）

ばれたいのか。自分らしいニックネームを書いてみましょう。

これをなぜやるかというと、お互いの関係性をフラットにするためです。障害の有無、年齢や性別、上司、部下といった関係を一切取っ払って、お互い何でも話しやすいような状況をつくるのです。

そして、最近楽しかった出来事などを話題に入れながら、1人1分ずつ自己紹介してもらうと、だんだんと参加者同士の人となりが分かってきます。

次はリードユーザからのお願い事などの情報共有です。インクルーシブデザイン・ワークショップには、私たちが契約しているリードユーザが、1チームに1人参加します。この段階で、リードユーザにどんどん質問をしていきます。例えば、いつ目が見えなくなったのか。その時の気持ちはどうだったのか。普段はどんな生活をしているのか。トイレやお風呂はどうしているのか。何を聞いてもらっても構いません。聞けば聞くほどリアルな未来の社会課題が見えてきます。

しかし、皆さんは初めて会ったばかりの障害者に、いつ目が見えなくなったのかと聞くことには抵抗もあるでしょう。その場合は、リードユーザに始めにNGワードを聞いておきましょう。

リードユーザから「これだけは質問しないでください」というNGワードを聞ければ、それ以外は何を聞いてもらっても構いませんということになります。

私たちが契約しているリードユーザはテーブルファシリテーター、プロのコンサルタントです。皆さんが知らないことを気付かせてくれるので、何を聞いてもらっても構いません。

こうした情報共有を経て、そうした彼らが参加メンバーの意識の中で、障害者という立場ではなくリードユーザという立場の人であると明確に認識されるようになります。こうしてメンバーとリードユーザとの関係を、フラットなものにもっていくことが大切なのです。

もしそうした状態にならなければ、そのつもりはないにしても、どうしてもメンバーが障害者に対して何でもやってあげる優しい人になってしまいます。しかし、それは障害者からすれば、上から目線なのです。サポートする、助けるといった健常者からの上から目線は、リードユーザは望んでいません。

チームビルディングの方法とは

アイスブレークの第2段階では、いよいよメンバーの違いを価値に変えるという作業に移ります。健常者と障害者という違いをどうやって価値に変えていくのか。それがビジネスシーンで問われるわけですが、そのための練習になります。

まずはチーム名を考えてみましょう。自己紹介した6人のそれぞれの違いを価値に変えて、それをチーム名にしてみます。例えば、全員が眼鏡を掛けているから眼鏡チームということではなく、お互いの違いをきちんと理解したうえで、それを価値に変えるということです。例えば、旭山動物園のように、お互いの生態の違いから展示方法を変えるといったように考えて、そうしたものをヒントにチーム名をつけます。

それと同時に、そのチームのシンボルを「レゴ」でつくってみましょう。

インクルーシブデザイン・ワークショップでとても特徴的なことは、時間が短いことです。このチーム名を考えることも5~6分くらいの時間しか使いません。つまり、考える暇を与えないのです。直感、ひらめき、感じたことだけでチームビルディングを進めていきます。

考え始めると問題解決能力を使うようになってしまいます。普段よく使っている左脳を使うのではなく、右脳の直感的なところを使わせるために短い時間でやることが重要なのです。

その際、チーム名を決めてから、レゴをつくるのでは時間に間に合いませんとよく言われます。それでは駄目で、ではどうすればいいかというと「はい、スタート」と言ったら、まず6人がレゴで一斉につくり始めます。何をつくっても構いません。

それと同時に、メンバーで話しながらチーム名を考えるのです。そうして5分ほど経ったら、みんなのレゴを集めて、残り2分で統合して、そのチーム名とレゴのつじつまが合うようにストーリーをつくるのです。

もちろんみんなが慌てます。しかし、それなりにできてきます。こうなれば、こんな短い時間でもできるんだという気付きが生まれます。それと同時に普段やっていること、例えば、ミーティングなどがいかに無駄かということがだんだん分かってきます。

2-2

ステップ1　フィールドワークで「観察」する

次からがインクルーシブデザインの本番です。ワークショップではステップ1として、まずリードユーザと一緒に街に出て、行動を観察し、どこに見過ごされている不便があるのかを見つけて、付箋に書いて持ち帰るということをします（図2-2）。

観察の方法は、次のようなものです。例えば、全盲のリードユーザが初めてのビルに入って、エレベーターを利用して上階に移動するとします。そうすると、まずリードユーザはエレベーターホールを探すことになります（図2-3）。

次に、エレベーターホールに入ると、昇降用のボタンを探します。そこで　上下を確認してボタンを押す。複数のエレベーターがあると、どのエレベーターが来たのかを確認しなければなりません。そして、到着したエレベーターまで移動して、それが上に行くエレベーターなのか、下に行くのかを確認する。

エレベーターに乗る際には、どこに誰が立っているか分からないのでエレベーターの

図2-2　リードユーザと一緒に街に出る

ステップ 1：観察（フィールドワーク）

日常の買い物や移動など、リードユーザのありのままの姿を観察する。そこで得た気付きや発見を記録していく。また、疑問に感じたことは、積極的に質問し、リードユーザとの対話の中から新しい気付きを見つける。リードユーザのバックグラウンドのヒアリングも重要。

そもそも点字板がどこにあるのか？

モール内をリードユーザと歩く

店舗での買い物

（出所：インクルーシブデザイン・ソリューションズ）

中の立ち位置を確認します。エレベーターホールに入ってから時間としては約2分。実はその時点で、リードユーザにとっての多くの不便が見つかっているのです（図2-4）。

このようにリードユーザの行動を細かく輪切りにして観察していくことが非常に重要になります。しかし、こうした観察について皆さんは慣れているわけではないので、ここで誰でも観察ができる方法を紹介しましょう。

まず観察した内容については、付箋1枚につき1つの不便を書くことにします。ただし不便が見つかっても、すぐにメモを取ってはいけません。必ずリードユーザに聞くようにします。皆さんがとらえた不便は、皆さんの固定観念から不便を書いている可能性があるからです。

例えば、目が見えない人は駅のタッチパネルが使えないから不便である。皆さんは経験から、そうした固定観念を持っています。そうすると、全盲のリードユーザがタッチパネルに近づいた瞬間に、見えにくそうだから不便だと書いてしまうのです。

しかし、そこでリードユーザに本当に不便かどうかを聞いてみてください。実は不便だと感じていないリードユーザはたくさんいるのです。固定観念を取り除かなければ、ありのままのリードユーザの不便は観察できません。

図2-3　エレベーター利用時のリードユーザを観察する

観察例　エレベーター編

（出所：インクルーシブデザイン・ソリューションズ）

図2-4　エレベーター利用時の観察の仕方

観察例　エレベーター編

1. エレベーターホールを探す
2. 見つける
3. ボタンを探す
4. ボタンの上下を確認
5. ボタンを押す
6. どのエレベーターが来たか確認
7. 来たエレベーターまで歩く
8. 上か下か確認
9. エレベーターに乗る
10. 中の立ち位置を確認
11. 行き先ボタンを探す
12. ボタンを押す
13. 途中で止まった階が何階か確認する
14. 目的の階で降りる
15. 目的地の方向を確認する

⇒ それぞれの場面で
どんな不便があるのか
観察からメモをとる

（出所：インクルーシブデザイン・ソリューションズ）

図2-5　観察で見つけた不便を記録する

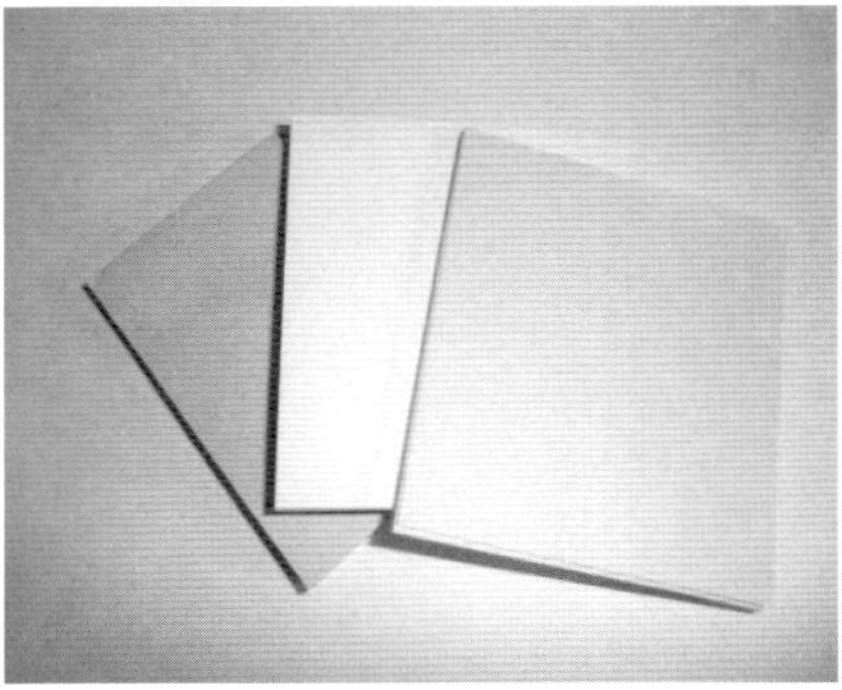

・ありのままを
・とにかく大量に書く
・付箋に記入
・1枚に1つの不便や
気付きを書く

（出所：インクルーシブデザイン・ソリューションズ）

付箋の数はだいたい、初めて参加したマーケティングや商品開発の担当者を中心にした1チーム5人構成の場合で50〜70枚くらい。それくらい出れば次のステップに行きます。ちなみにスタンフォード大学でデザイン思考に手慣れている人たちだと、同じ10分間でだいたい200〜250枚くらい出しているようです（図2-5）。

固定観念も可視化してみる

また、時間に少し余裕のある人や、自分の固定観念が何なのかをよく知りたい人は、自分の思い込みもメモに取って可視化してみましょう。自分の固定観念の外側にイノベーションはあります。

視点拡大、イノベーションといっても、どうすればいいのか分からないときには、まず自分の固定観念や癖をきちんと可視化しておくことです。そうでなければ、いざというときに固定観念の外側に行けないのです。

さらにチーム内で観察する場所の役割分担をして、タイムキーパーも1人決めておきます（図2-6）。リードユーザは電車で移動するとき、だいたい私たちの1・5〜2倍くらい時間がかかります。私が経験した過去最高の記録は、車いすユーザーが有楽町から東京駅まで行くのに1時間もかかったことがあります。これはリードユーザの問題ではありません。鉄道会社などを含めた社会の問題であり、まだ対応が追いついてないのです。

こうした不便があるので、チームの中で必ず時間管理をしておきましょう。1日のワークショップの場合、だいたいこのフィールドワークに2時間くらいを取ることになります。2時間の間に東京駅まで行って、みんなで食事をして、ウインドーショッピングを楽しんで帰ってきてくださいとなれば、何かあると2時間あっても時間が足りなくなる恐れもあります（図2-7）。

図2-6　フィールドワークの手順

フィールドワークについて

1. チーム内で役割分担を決めてください。
   ・タイムキーパー
   ・通行人役
   →リードユーザが道を尋ねます。
   通行人の役を演じてください。
2. リードユーザとたくさん対話をしてください。
3. たっぷりとリードユーザを観察してください。
4. 安全には十分気を付けてください。

（出所：インクルーシブデザイン・ソリューションズ）

図2-7　注意事項も忘れずに

注意事項

・指定したコースを散策し、必ず時間内までに会場に戻って来てください。
時間が無い場合は、その場でフィールドワークを終了してください。

・基本的にはリードユーザは単独で歩行します。
ただし、時間が無い、危険な箇所、リードユーザが単独歩行を断念した場合は、チームの中でサポートをお願いします。

（出所：インクルーシブデザイン・ソリューションズ）

2-3 ステップ2「問題定義」をしてみる

ステップ2は、集めてきた付箋をみんなで共有するところから始まります。共有では、例えばKJ法やマインドマップといった従来の整理法がたくさんありますが、インクルーシブデザイン・ワークショップでは「感情マップ」というものを使っています。感情マップでは、リードユーザの行動と気持ちを時系列で表していきます（図2-8）。

縦軸はリードユーザの心情を表していて、真ん中は可もなく不可もなく、上に上がれば上がるほどワクワク、ドキドキして、下がれば下がるほど不安ストレスが増すといったもの。横軸は時間軸です。例えば、フィールドワークでは有楽町から出発して電車に乗って、買い物して、食事して、帰ってくる。そうした過程をグループごとに自由に考えてみましょう。

例えば図2-9は、サンプルとして私が買い物をしたときの様子を観察してもらい、つくってもらったお財布体験という感情マップです。買う物は決まったというところか

図2-8　感情マップ

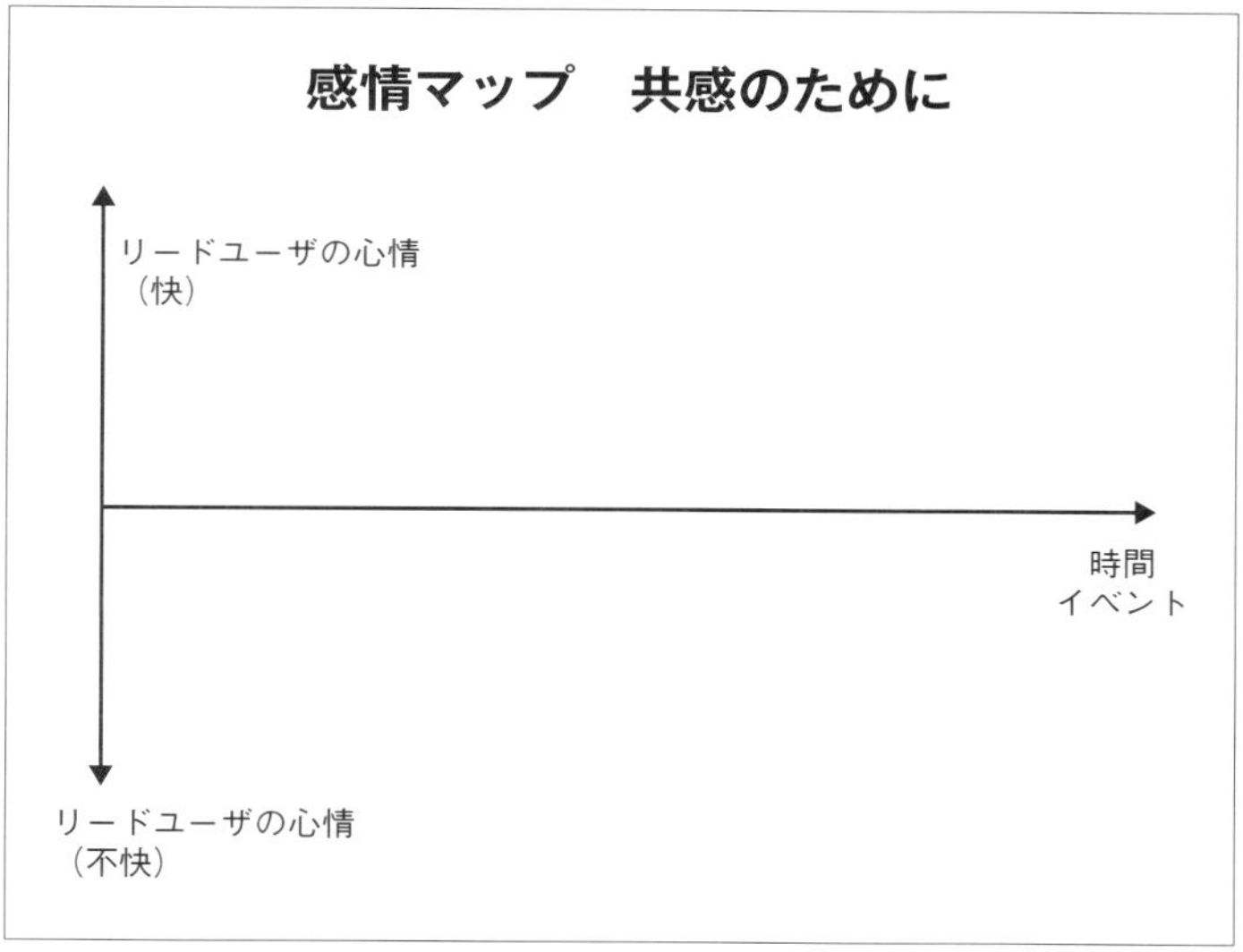

（出所：インクルーシブデザイン・ソリューションズ）

らの私の行動です。その初めの心情はどうかというと、ワクワクしている状態です。いざお財布を開ける段階では、意外とお金が入ってない。買うのをやめようかなとの考えもちょっとよぎり、フラットな気持ちに戻ってきます。それでも買おうと決めて支払いをしようとすると、今度は小銭が見つからない。これも私の行動で、このときの気持ちはすごいストレスでイライラしている状態です。

フィールドワークでは、このようなやり方で、感情マップを使ってリードユーザのインサイトを表していきます。リードユーザにしても長く不便な社会にいると、だんだんその不便の感覚がまひしてきて、不便と感じなくなります。そうすると、「え、こんなところで」というところでけがをしたり、事故に遭ったりすることすらあります。私たちも東京駅を毎日使っているから大丈夫だよと思っていると、ある日、酔っ払って動きが取りにくくなったときなどに、ホームから落ちてしまう可能性もある。リードユーザから得られるインサイトは、そうしたときのインサイトと同じなのです。

どこを問題定義するのか

次にワークショップでは、得られた感情マップから、問題定義のスタート地点を決め

図2-9　私のお財布体験のインサイト

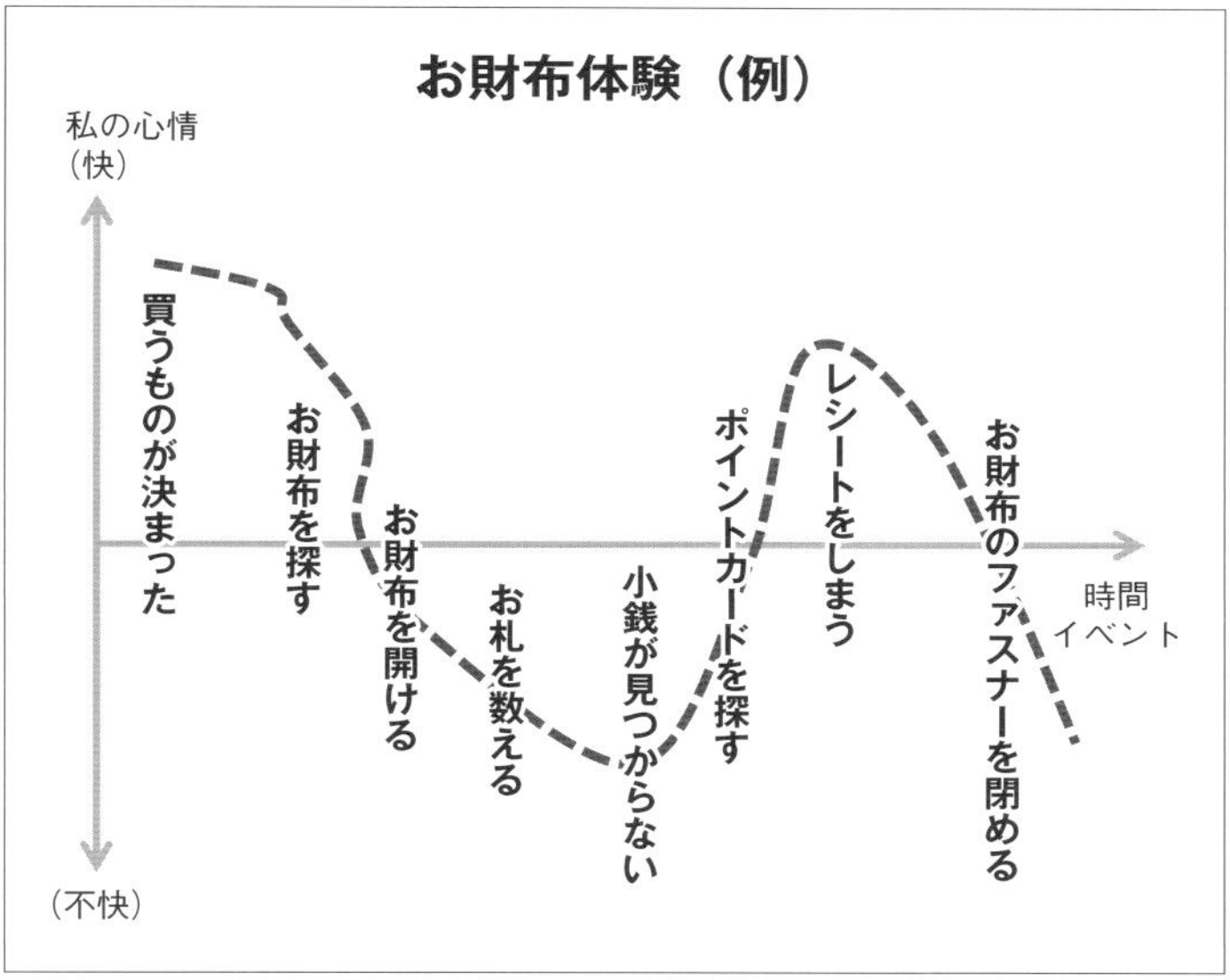

（出所：インクルーシブデザイン・ソリューションズ）

ます。本来であれば、すごいストレスでイライラしている状態が不便なところということになりますから、ここから問題定義に入ります。

しかし、リードユーザにとっては、また私のお財布体験を例に取ると、例えばレシートをしまうという不便なことが意外と楽しい場合があります。そのため、リードユーザと話しながら、問題定義の場所をみんなで相談して決めるために感情マップを使っているのです。

実際のワークショップでは、次のように進めます。チームの1人が、自分が書いてきた不便を読み上げて、「この不便はどうですか」とリードユーザに聞いて、リードユーザが感情マップの「このあたりの気持ちでしたよ」というところに付箋を貼っていきます。他のメンバーで同じような不便を書いた付箋を持っている人がいたら、それも同じ場所に貼っていく。

そして2人目、3人目と同様に、必ず1人1枚という形で読んで・聞いて・貼るということを高速で回していくのです。これを20～30周ほど行います。時間にして10～15分くらいです（図2-10）。

付箋を貼り終わった後、感情マップを見渡すと、たくさん貼られている場所が分かり

図2-10　ワークショップでの感情マップの活用

（出所：インクルーシブデザイン・ソリューションズ）

ます。いわゆるリードユーザの行動と感動をマッピングしたときに、たくさん貼られたところは、ほとんどの人が共感していることを意味します。

その共感ポイントをいくつか取り上げて、問題定義のスタート地点に選ぶのです。そうすれば、すぐに問題定義に移ることができます。

どこをスタート地点にするのか、このときに正解の場所ばかり探そうとしている人たちがいると、なかなか決まらないことが多いようです。最初に5分で決めようと思っても、10~15分もだらだらと時間がたって決まらない。そうしたときは、なるべくスピードアップさせて、考えさせないようにすることです（図2-11）。

不便の抽象度を上げて問題定義する

こうして貼った付箋は、不便の現象面を捉えたものになります。1人のリードユーザが不便に感じている現象です。例えば、高齢者のリードユーザがホームページを利用してみたときに、デザイン重視で分かりにくいと言ったとします。

そのとき、少し抽象度を上げて考えてみるのです。その高齢者の不便から、抽象度を上げて、誰もが何か感じているホームページ上の課題はないのかと考えるのです。

図2-11　ワークショップでの問題定義の様子

ステップ2：問題定義

共感した発見について問題を定義します。プロダクト、サービス、Webなどに関する問題点と、そのような問題を招いた私たちの思い込みを明確化します。

ここでの問題定義をしっかりすることによって、この後に行うブレーンストーミングで創造されるアイデアの質と量が格段に向上します。

（出所：インクルーシブデザイン・ソリューションズ）

そうすると、例えば、閲覧途中で閉じてしまう人が多く情報が伝わっていないのではないか、確かにそうしたことは誰にでもあると分かってきます。これをより上位の社会課題として、問題定義に移ることができるのです（図2-12）。

また、多過ぎる情報も不便につながります。情報過多では読み解くまでに時間がかかります。特に全盲のリードユーザは情報を音声で聴いているので、上から順番に聴くため、読み解くのに非常に時間がかかります。

こうして情報過多の不便さの抽象度を上げていくと、実は世界の人たちは情報依存度が高いのではないかという社会課題に突き当たるのです。

このようにインクルーシブデザイン・ワークショップでは、一部のリードユーザの不便を一般化して問題定義していきます。単にリードユーザの不便を解決するのではなく、不便さの抽象度を上げて社会課題として捉えていくと、意外にも一般の自分たちも不便に感じていることがたくさんあることが分かってきます（図2-13）。

それが、いわゆる障害者だけの小さな市場から、一般の大きなマスマーケットへと対象が移る瞬間なのです。そのために私は社会課題の把握が重要と言っているのです。ここがポイントですから、ぜひ忘れないでください。他の企業がマネできないような問

図2-12　ホームページのデザイン重視の傾向から問題定義する

現象面
デザイン重視で分かりにくい

↓

抽象度を上げる
閲覧途中で閉じてしまう人がいる（社会課題）

↓

ユーザーの気持ち
課金されるのでは、怖い、楽しめない

↓

問題定義（問題）
閲覧途中で遷移したことが分からない

（出所：インクルーシブデザイン・ソリューションズ）

図2-13　「情報過多」における問題定義の仕方

現象面
情報過多で読み解くのに時間がかかる

↓

抽象度を上げる
受発信相互の情報依存度が高い（社会課題）

↓

ユーザーの気持ち
楽しいけど面倒くさい

↓

問題定義（問題）
デジタル情報を効率的に処理しようとし過ぎて、
人とのつながりが希薄になる

（出所：インクルーシブデザイン・ソリューションズ）

題定義を考えることが、問題定義では一番重要になります。

実はこの問題定義の段階で、すでに差異化は終わっています。ほとんどの企業はアイデアやソリューションで差異化をしようとしていますが、ポイントは問題定義にあるのです。

現象ではなく問題の本質を考える

そのためにも現象を超えて、その問題の本質で考えるようにしましょう。

例えば、生物多様性の劣化が問題になっているとすれば、それは環境問題ではなく、いわゆる種が絶滅する問題などとして考える必要があります。

また最近ですと、ニホンミツバチがいなくなっていると言われますが、そうなってしまうと様々な種類の食べ物が食べられなくなるということが予測されているのです。だとすると生物多様性の劣化やニホンミツバチがいなくなることが問題というのではなく、様々な種が絶滅して食べられなくなるということが問題であるとさらに捉えるべきなのです。

これを例えば生物多様性の劣化という問題にしてしまうと、解決策は多様性を重んじよう、生物の種類をもっと遺伝子療法で増やしていこうといった方向などに行きかねません。

やはり私たちも、未来の制約、未来の社会課題をしっかりと包含して事業をつくっていくということを始めなければなりません。目の前の利益を上げることも大事ですが、今日食べる飯と将来食べる飯の両軸をバランスよく、どう取りながら進めていけばいいのか。そうした観点から、問題定義を考えることが必要なのです。

インクルーシブデザイン・ワークショップでリードユーザを観察するというのも、リードユーザの行動を見ることでリアルに将来の超高齢社会が見えてくるからです。車いすユーザーの視点から段差が気になるとなれば、将来の高齢者の状況と同じように捉えることができますし、目が見えない人の視点を借りれば、たくさんの外国人が来日しても、日本語が読めない外国人は日本語だけの案内では目が見えないのと同じような状況になると理解できる。

未来の制約、未来の社会課題の一端が、リードユーザの観察から見えてくるのです。

2-4

ステップ3　「アイデア」を膨らませる

ステップ3は問題定義から、そのアイデアを膨らませていく段階に入ります。

まずステップ2で考えた問題定義を解決するアイデアを、絵で描いてみましょう。ここであえて絵で描く理由は、字で書くと固定観念にとらわれやすく、いわゆるいつもの左脳型、問題解決型の頭に戻ってしまうからです。普段使わない右脳に刺激を与えるために絵で描くのです。時間にして、だいたい2〜3分間くらいでやってみます。

次に、絵で描いたものをチームのみんなで1つにまとめることをします。

具体的には、例えば、最初の人が、自分の絵を1分間で説明します。2人目は必ず1人目の人のアイデアを1つ抜き取って、自分のアイデアに即興でくっつけて発表します。同様に　3人目も、前の人がまとめたアイデアを抜き取って発表し、そうして最後に発表する人がメンバーすべてのアイデアをまとめる格好で、このチームの総意として発表します。

ワークショップでは、このようにポジティブなチームビルディングをやってみましょう。時間は5分くらいで、みんなで持ち寄ったアイデアを1つにまとめていく作業を行います。

固定観念で考えない

インクルーシブデザイン・ワークショップを実践するうえで大事なことは、繰り返しになりますが、メンバーに深く考える時間を与えないことです。アイデアを出すところまではあくまで視点拡大なので、むしろ考える時間を与えてしまうと過去の固定観念に戻ってしまうのです。

アイデアを出してソリューションを考えるあたりからは、これまでの経験値や過去の成功体験を生かしてもらいますが、アイデアの段階では自分の成功体験で解を出させないようにします。時々アイデアで正解を出そうともがく人がいますが、あまり意味がありません。

正解を出そうと考えるのではなく、感じたことやひらめいたことだけをグループの中でポジティブにディスカッションする。ポジティブなチームビルディングをして、短い時間でアイデアまで出すのです。

企業が自社でワークショップを開催する場合などは、このプロセスを何回も繰り返します。アイデアを出したけれど、グループの中で納得しない人が1人でもいれば、もう一度前段階に戻って考えるのです。問題定義が悪いのか。社会課題の設定が問題ではないのか。さらには、材料を集めるフィールドワークの対象がおかしいのではないのか。そうしてステップの過程を行ったり来たりするということを推奨しています。

例えば多くのグローバル企業では、最後に発表した人のアイデアで全員が納得すれば、次に進みます。もし1人でもモヤモヤしている人がいたら、もう一度持ち帰って、1週間後に再度持ち寄ってやってみるといったことをします。

ポイントはこの「持ち寄る」ということです。日本のブレーンストーミングの多くは、会議室に集まってから、「何かアイデアがないか」というようなことをよくやっています。しかし、それは明らかに時間の無駄です。5分でいいですからあらかじめ自分で考えて、責任を持ってアイデアを持ち寄ってみます。そして、そのアイデアをどのような順番でもいいですから、チームビルディングしていく。全員が納得すれば次のステップにいけばいいし、納得しなければ戻ればいいのです。

アイデアを増やす方法とは

ステップ3でアイデアを増やしていくやり方にはいくつかあります。最初は、マルチプルシナリオで考えるということです。例えば、最後の人が発表したアイデアについて、「目の見えない人は使えますか」「耳の聞こえない人はどうですか」「外国人はどうですか」「数字が読めない人はどうですか」といったようにマルチプルに想定ユーザーを展開して、もし過不足があればそのアイデアを少し修正してみます。これがマルチプルシナリオです（図2-14）。

2つ目は、ユーザーの行動プロセスを見直してみることです。ユーザーがどのように電車に乗って、どんなふうに食事したのか。そこの間にどんな不便があったのか。この不便を解決するために、ユーザーの行動プロセスをどのように変えていけばハッピーになれるのか。このように社会や周囲の環境を変えるのではなく、ユーザーの行動を変えることで解決できることはないのかを探るのです。

3つ目は、米アマゾン・ドット・コムがインターネット通販で大成功したように、行動プロセスを短縮することです。例えば、1990年代後半の段階でインターネット通

図2-14　マルチプルシナリオのイメージ

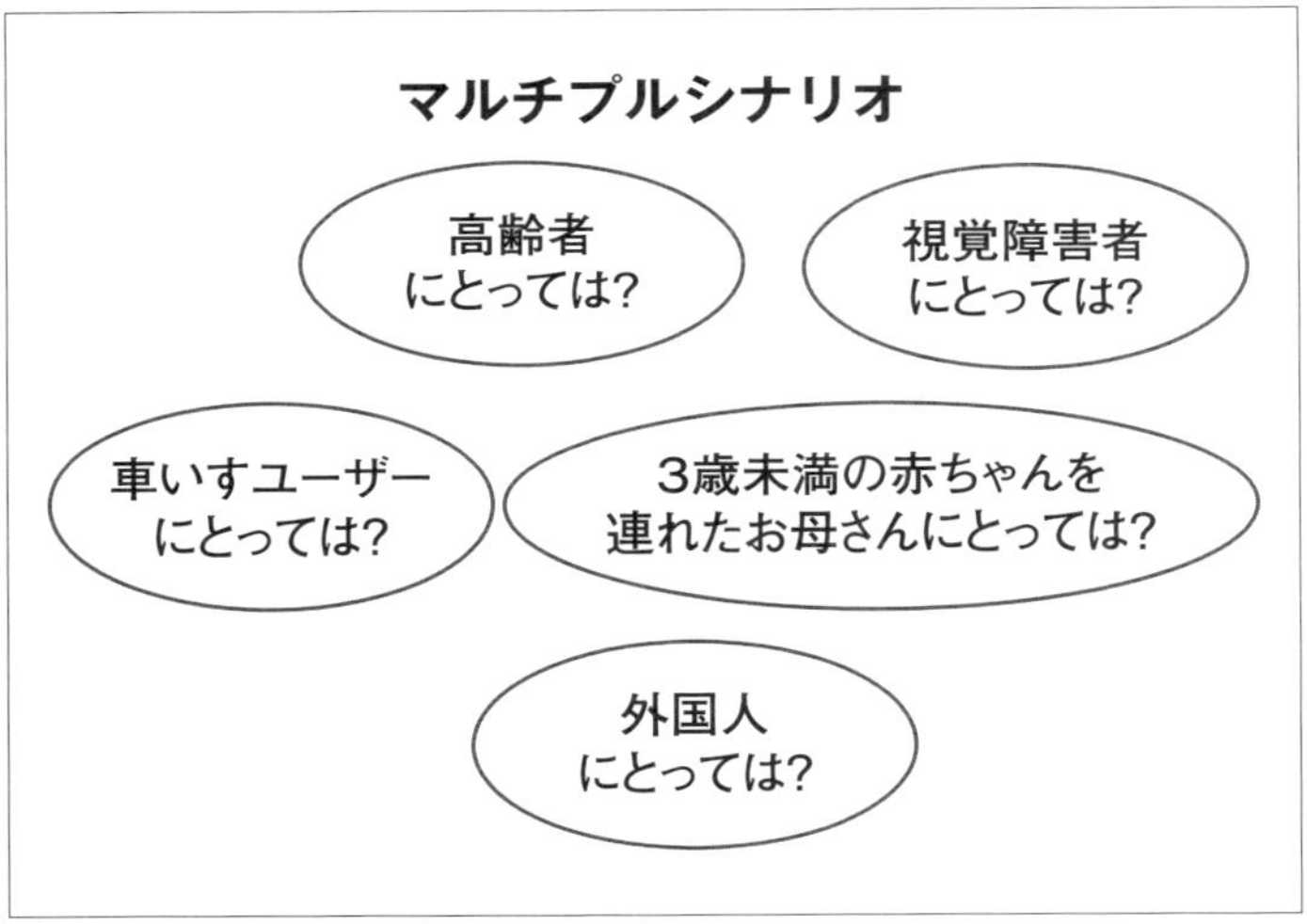

（出所：インクルーシブデザイン・ソリューションズ）

販は日本でもありましたが、購入するまでに何回も認証をしなければ買物ができませんでした。セキュリティー対策を強化するために、そうした作業が求められたのです。

しかし、そのころでもアマゾンではワンクリックで購入できました。インターネット通販での価値はアマゾンも日本企業も何も変わりません。アマゾンが提供したのは、ユーザーの行動プロセスを短縮するという価値でした。その価値を提供して、そこから20年以上ずっとアマゾンはネット通販でナンバーワンなのです。

また、アマゾンは単にインターネット通販をやっている会社ではありません。今でも朝頼めば夕方には届くといった即日配送も可能にしています。これはユーザーの行動プロセスを短縮しているのです。そこに価値を見いだし、投資をしている。本当にすごい会社です。

トレードオフの相反する2軸で考える

そして4つ目は、トレードオフで考える方法です。これは新規事業開発などでよく使われるフレームワークなのですが、あえて相反関係にモノを置いてみるのです。

例えば、ここに、ユニット工法という新しい新規の商品ができたときに使われたトレードオフの図があります（図2-15）。

図2-15　トレードオフで見てみよう

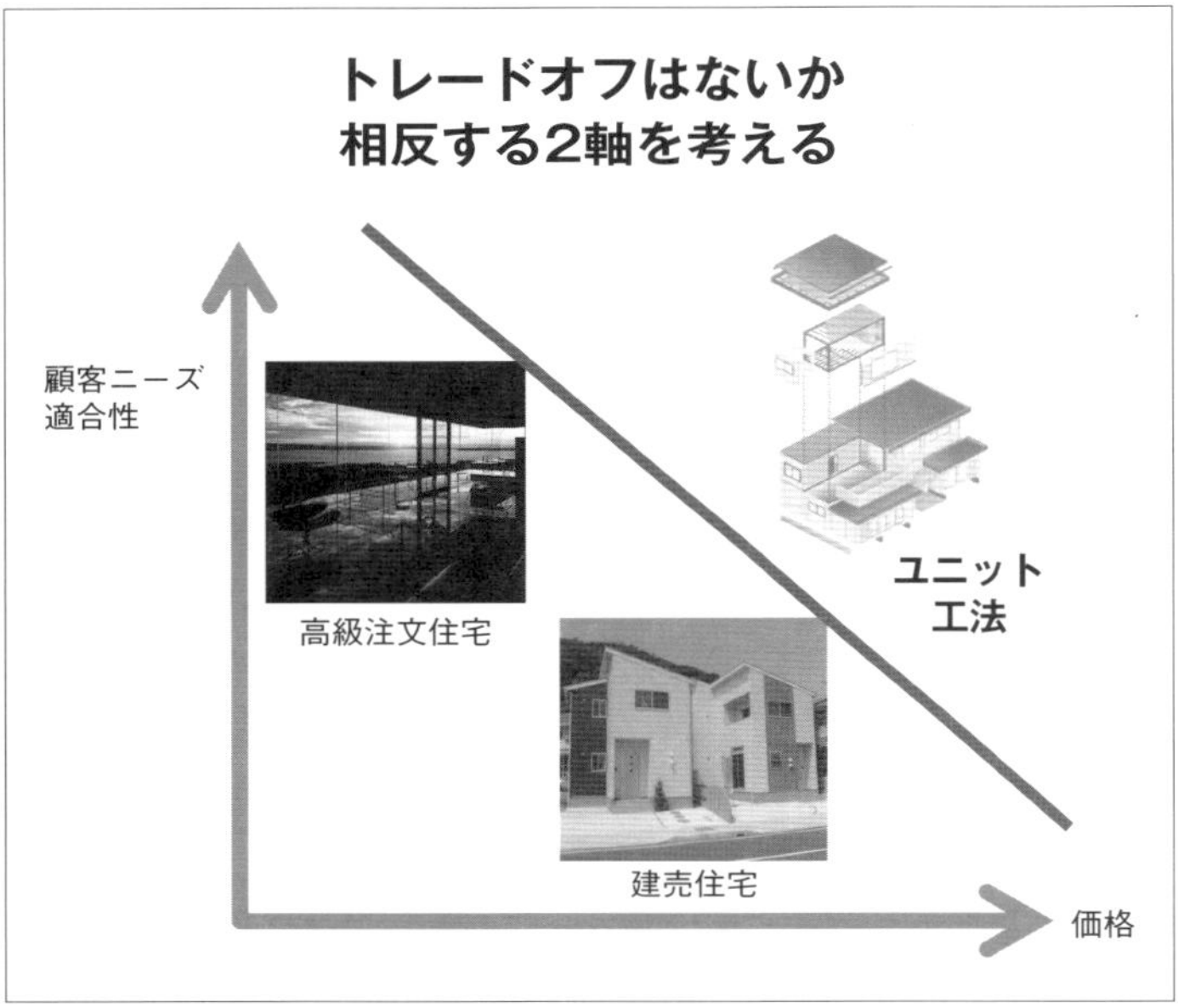

（出所：インクルーシブデザイン・ソリューションズ）

横軸は住宅の価格、縦軸はお客様のいわゆるニーズ適合性を表しています。上に行けば行くほどお客様の言った通りのものをつくることになります。下では意向が反映されません。横軸は、右に行けば行くほど住宅の値段が安くなる。左は値段が高くなります。

トレードオフで見ると、建売住宅は値段が安い。しかし、建てたものを売っているので、お客様の言った通りのものにはなりません。これに対して高級注文住宅は、お客様が言った通りのものをつくっていますが、値段は高い。そうすると建売住宅と高級注文住宅は、価格と適合性という2軸で相反していることになります。

これをアイデアづくりに生かしていくのです。

例えば、日本のオフィスビルは、ガラス張りでデザイン性も高い。しかし、分かりにくいことも多く、例えばどこが自動ドアの扉なのかも分かりにくい。こうしたことを、あえて相反関係に置いて、こうした相反を超越する、両取りするようなものをアイデアとして考えてみるのです。

例えば、ユニット工法は、値段が安くてお客さんの言った通りのものをつくってくれます。しかも納期が高級注文住宅の3分の1といった新しい付加価値が付いています。以来50年近く、これを超える工法は生まれていません。さきほどのアマゾンと同様に、このユニット工法は価値が高いのです。こうした相反関係のアイデアを膨らませていくというやり方もあります。

ビジネスチャンスはどこにでもある

また、ユニット工法と高級注文住宅、建売住宅の関係を4象限で表すと、図2-16のようになります。右上が高級注文住宅、左下が建売住宅です。左上に、ユニット工法が入ります。右下が空いていますが、これは値段が高くて、お客様の言った通りのものをつくらないということになります。

右下の「この市場についてはどうですか」と問うと、みんな笑ってしまいます。しかし、すでに米国では、砂漠のど真ん中に、1年間、水や電気を供給しなくても生きていけるような住宅をつくっています。もちろんお客さんのニーズは反映されていません。鏡張りで、歩いているといつも宇宙にいて無重力体験をしているような状態になります。その代わりエネルギー供給だけは潤沢にできる。この住宅の価格を10億円としましょう。では、3000万円の建売住宅を数十軒売ることと、10億円の家を1軒売ることとどちらがいいのか。ビジネスとして考えれば選択肢は拡がっていきます。

図2-16　顧客ニーズと価格の2軸で市場を眺めると

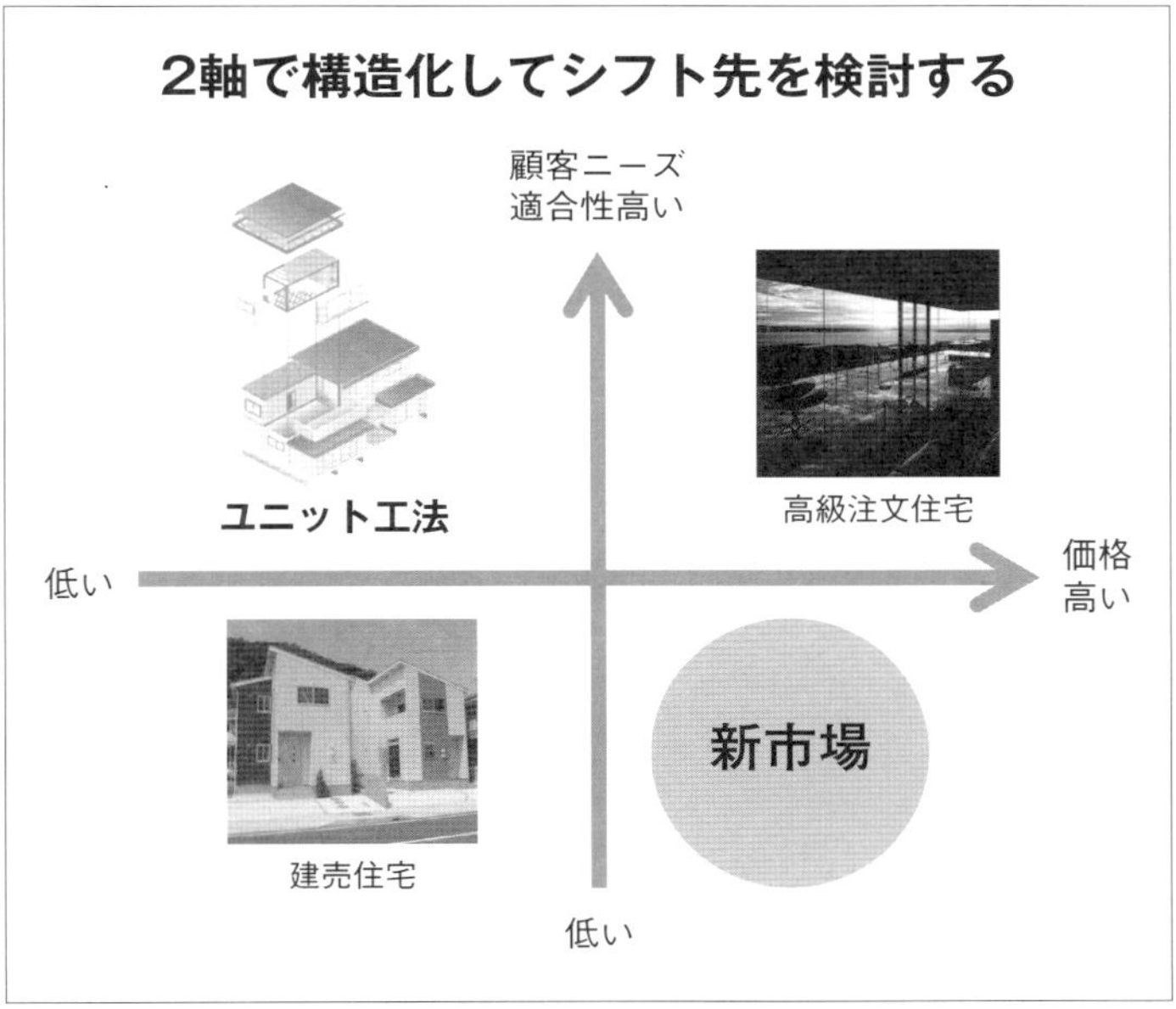

（出所：インクルーシブデザイン・ソリューションズ）

実は、各象限にはビジネスチャンスが潜んでいるのです。そんな新市場なんてあるわけないと思っていては、イノベーションは起こらないというわけです。

提供価値を先に決める

最後に、アイデアを考える5つ目の方法は、バリュープロポジションです。これは、いわゆるユーザーに対して、提供価値を先に決めてしまう方法です。

例えば、「瞬足」という子供靴があります。その開発は、シューズメーカーの開発メンバーが各地の小学校の運動会を回り、小学生たちが運動会でどんな価値を得ようとしているのかを探ることから始まりました。

調査した結果、一番多かった価値は、徒競走で1番になることでした。では、徒競走で1番になるというユーザー価値を提供するために何が必要なのか。もう1回小学校の運動会を観察すると、トラックはほとんどが左回りで使っているということを発見したのです。

では、左回りを速く走れる靴をつくれば、ユーザーの価値、つまり、1番になれるという価値を提供できるのではないかということで、左右非対称、両足の右側にスパイクを配置している靴を開発したのです。これが大ヒット。子供靴のイノベーションになりました。

今では、多くのショッピングセンターに、この瞬足の専用のゾーンが設けられています。持続的に売れているのです。まさにユーザー価値から生まれた商品。こういうアイデアの出し方もあるのです。

2-5

ステップ4 「プロトタイプ（試作品）」をつくる

そして、アイデアが決まったら、今度はそれを具体的にソリューション化する、見える形にするのが次のステップ４のプロトタイプになります（図２-17）。

ステップ４ではステップ３で出したアイデアに基づいて、試作品をつくっていきます。こうした試作品づくりはデザイン思考のプロセスにもあり、例えばスタンフォード大学のデザイン思考ワークショップでは、たくさんの段ボールや糸、セロテープやはさみなどが教室に置いてあり、そこから好きなものを取ってきて、つくりたいものを形づくっていくということをしています。ときにはレゴでつくることもあります。

作品を紹介する１分間のＣＭをつくる

一方、私たちのインクルーシブデザイン・ワークショップの場合は、こういうものをつくりたいという試作品のアイデアをもとに、その試作品を紹介する１分間のＣＭをつ

図2-17　アイデアからプロトタイプへ

ステップ3：アイデア　**ステップ4：プロトタイプ**

発散 ――――→ 収束

アイデアを言葉だけでなく、絵に描き発想を膨らませていく。完璧なモノではなく、「こんなのは？」といった思いついたモノ・コトをどんどん描いていく。制限なく、ブルースカイな発想で考える。

短時間でアイデアを形に。
実際にプロトタイプを作成し、アイデアを追加していく。
また、テスト（発表）のためのシナリオを作成し、経験のストーリーをまとめていく。

（出所：インクルーシブデザイン・ソリューションズ）

図2-18　寸劇形式のCMづくり

CM（寸劇）に盛込む要素

・どんな不便がありましたか
・サービス名または商品名は
・特徴は
・提供する新しい価値とは

・マルチプルシナリオで想定したユーザー層
・参考にした商品など
・リードユーザを含め、みんなに分かるプレゼン

（出所：インクルーシブデザイン・ソリューションズ）

くってもらうということをします（図2-18）。

これはストーリーをつくるということです。メンバーの考えたアイデア、つまり、実現性の有無は問わないという状態のアイデアを、そのまま1分間のCMに仕立ててみます。そのときには4つの要素を必ず入れるようにします。

まずは、ビフォーアフターです。例えば、「2019年当時はどんな不便がありましたか」「現在の2030年はこのように変わりました」というように、ビフォーアフターで問題定義を表現してみるのです。

2つ目は、誰もが記憶に残るようなサービス名や商品名をつくることです。例えば、「冷えピタ」「写ルンです」といったような商品名です。

3つ目は、その製品・サービスの特徴、いわゆる商品軸です。その特徴を端的に表現してみます。

最後の4つ目は、例えば、「2030年の多様な観光客」というように想定するユーザーに対して、どんな新しい価値を提供していくのかを考えてみます。これはユーザー軸から見た価値です。

この4つを1分間のCMの中に盛り込んで、ストーリーをつくってみるのです。その

ＣＭを寸劇形式で発表してもらいます。

ＣＭをつくる時間は7分間です。最初の5分は、あえてチームを半分にして、一方はシナリオづくり、他方は、誰もが楽しめる配役を考えるように進めます。

そして5分ほど経ったら、シナリオと配役を寄せ合わせて、残り2分間で寸劇ができるように統合していきます。もちろんメンバーごとにバラバラで考えていますから、統合するのはなかなか大変な作業です。しかし、その分、奇抜なストーリーが生まれるのです。

2-6

ステップ5「テスト」をして評価する

最後のステップ5は、そうしたCMを寸劇で発表して評価する「テスト」のフェーズです。

私たちのインクルーシブデザイン・ワークショップには、これまで述べ2万4000人が参加していますが、皆さん非常に面白い寸劇をやってくれました。一番面白かったのは小学生です。小学生とリードユーザの寸劇が一番イノベーティブでした。また、一見堅物ばかりで寸劇なんてやれないチームかなと思っていると、意外にもそのチームが一番盛り上がったときもありました。みんな本当は楽しみたい、ワクワクしたい、そんな様子が見て取れます。

ステップ5ではそうした寸劇の発表後、全員でアドバイスシートというものを書きます。ポジティブなアドバイスを、1人1枚付箋に書いてプレゼントするのです。どのチームにもプレゼントしてもらいます。そしてチームごとに付箋に書かれたアドバイスを読み上げて、「どこが素晴らしかったのか」「その強みをもっと生かしていこう」「ここはまだまだ伝わってない」「ここは少し修正しよう」といった点を吸収していくのです。

そして投票もします。5チームの中でどのチームのものが良かったか投票してみるのです。投票結果も発表します。さらに、発表後に各チームから質問がなされると、発表チームでは、この部分がまだ少し魅力として伝わってないとか、ここは意外とみんな盛り上がったとか、そうした気付きを得られます。こうしてまた新たなステップ1に向けて、エネルギーを得たり、モチベーションにつながったりしていくのです。

事前の設計が大事になる

ここまでがインクルーシブデザイン・ワークショップの全体の流れです。ただし、ワークショップの目的が企業研修、商品開発、新規事業開発など何に置かれているかによって、それぞれのステップの重みや内容が変わってきます。

そこで大事なことは、事前のワークショップ設計になります。例えば、企業向け、地方自治体向けでは違いがあります。地方自治体では前述したように、目的としてはユニバーサルデザインの実現だったり、観光でいうとインバウンド政策だったり、あるいは職員や地域の人の人材育成だったりが多くなります。企業の場合は商品開発、新規事業開発、人材育成などです。特にイノベーション系の人材育成が多くなっています。

ただ、いずれも基本的には未来を見越した社会課題からのイノベーションをテーマにしています。目の前の問題を解決して今の売り上げ、利益について考える。これは会社にとっては絶対に必要なことです。しかし、それだけやっていても社会問題を包含して考えていないのでは、進歩は見込めません。

未来の社会課題をも包含していくために、目の前の問題に対して9割は考えるとしても、残りの1割は、未来に起こり得る様々な制約について考えてみることです。そうした制約から未来にどんな社会課題が生まれるのか、バックキャスティングしてみるのです。そうして社会的課題を考え、そこから何を問題にするかという問題定義をして、解決のためのソリューションを考えていくことが重要になります。

もちろん時間的にはロングタームになります。しかし、今すぐ解決できなくても、2年後に解決できるかもしれません。例えば考えた社会課題が2030年のもので10年先の話であっても、その解決策を2年間であらかじめつくり終えておければ、10年先には他の企業よりも確実に先んじることができるというわけです。

2-7

インクルーシブデザインを成功させるには

インクルーシブデザインにおける男女の違い

インクルーシブデザイン・ワークショップを見ていくと、観察や問題定義は、男性よりも女性のほうが得意であるように私には思えます。女性はリードユーザと一緒に歩くことによって、普段見過ごしている不便が社会にたくさんあることに気付くと、興味や関心が一気に広がっていきます。持ち帰る付箋の数も男性の3倍ぐらいです。

一方、男性は、例えば「観光」をテーマに入れると、観光に関係あるものだけを拾ってくる傾向があります。もっと分かりやすく言えば、売り上げや利益に関係するものだけ拾ってくるのです。自分の固定観念で勝手につなげてしまうことも多く、いかに自分の経験値がある世界の中だけでビジネスをする傾向にあるのかということが分かります。

そのため、観察や問題定義のステップでは女性中心に動いてもらって、アイデアを膨らませる。一方、ビジネスモデルをつくるのは男性のほうが得意な場合が多い。ですから、組織の中では、少し男女で役割分担をしてもいいかもしれません。いわゆる、商品の種を見つけてくるのは女性、ソリューションにするのは男性という感じです。

さらに、そこにリードユーザや外国人を入れて、多様性、濃淡を付けながら一緒に進んでいく。こうしたやり方をしていくと、組織を大きく変更しなくても、今よりイノベーションを起こしやすくなるのは確かでしょう。

ポジティブを優先する

また、短時間でポジティブなチームビルディングをするということも非常に重要です。その際、ネガティブな意見は一切出さないようにするのです。そのためにはワークショップをやるにしても、同じ会社のメンバーでやるより、出身も仕事もバラバラの人たちを集めたほうが、多様性もあり成果は出しやすいかもしれません。

今、企業にとって一番の敵は同質化です。会社としては同質化したほうがマネジメントはしやすいでしょう。ＫＰＩ（成果指標）を掲げ、目標を達成する全員に動きなさいと言えば、それで済むわけです。それでマネジャーはＫＰＩに則してメンバーに点数を付けて評価していく。これは平等であるように見えますし、評価の効率化をするためにも、今はこうした目標管理が多いように見えます。

しかし、それではせっかく集まった多様な人たちが、残念ながらみんな金太郎あめになってしまいます。新卒採用でもそうです。自分たちと同じようなタイプ、自分たちの同質化の枠に合う人を集めてしまう。実際、これにも限界が見え始めています。

それと反対に、異質な人たちを集めているのが、グローバル企業です。社員には多様性があり、本当にバラバラです。こうした違いに価値があることを、グローバル企業は知っているのです。そのために、あえて多様性のある人たちを集めている。

一方、日本の場合はマネジメントのしやすさとか効率化の観点から、同じようなタイプの人たちを集めてしまう。こうした状況を抜本的に変える必要がありそうです。同じような人たちの集まりでは、イノベーティブに持続的な商品を生み出すことは難しいのです。

社会課題解決のために投資する

今、グーグル、アマゾン、アップルといったような世界的な企業では、半分以上がデザイン思考やインクルーシブデザインの方法論を軸にイノベーションに取り組んでいるはずです。アマゾンではその利益のほとんどを、社会課題の解決のために投資しているといいます。

彼らは極端ユーザーなどが抱える日常の不便から抽象度を上げて、世界中の誰もが感じている社会課題とは何かについて考えています。そして、その社会課題と各企業が持っている強みをミックスさせて、問題定義する。そこで求められるのは、いわゆる問題の提起力です。自分たちはいったい何を解決したいのかという問いをつくる力です。

特にグーグルは古くは「フェルミ推定」(正確に把握するのが難しい数量を論理的に概算すること)を採用試験に導入していて、正解のないものに対して、瞬時に自分で方程式を考え、プレゼンをさせることをしています。まさに問いをつくる力を持っている人材を募集しているのです。

一方、日本企業でそうした採用をしているのは、おそらく1割にも満たないのではないでしょうか。やはり目の前の売り上げや利益から考えてしまうクセがどうしても抜けないのです。

私がすごいと思うのは、アマゾンの株主が、アマゾンが未来の社会課題を解決していくために巨額の投資していることを許容しているということです。当面の配当も当然少なくなるでしょうし、もしかしたら将来的にリターンはないかもしれません。もっと配当を出せ、もっともうかることをやれといった一般的な株主とは異なるようにも見えます。

いずれにしても目先の利益を追うだけといった従来型のやり方を抜本的に変えて、未来の社会課題などに目を向けていかない限り、小手先でインクルーシブデザイン・ワークショップを導入するというのでは意味がありません。

これから社会が大きく変わっていく中で、日本企業が持続的な社会を実現していくためにも、社会課題を解決するために必要なお金を投資していく。そして、それを許容してくれる株主を集めていく必要がありそうです。

第3章

「未来思考型リーダー」になるために

3-1 求められているのは現在と未来、「両軸」の考え方

これからの企業組織、そして社会で求められているリーダー像として、私は「未来思考型リーダー」を提唱しています。

未来思考型リーダーとは「両軸の考え方ができる人」です。両軸のうちの1つの軸は「現在」、つまり現時点における目標を見据えて、問題を解決することを指します。もう1つの軸は「未来」、つまり将来起こり得るであろう問題を自ら定義し、その問題の解決につながる方法を考えることを指します（図3-1）。

まとめますと、未来思考型リーダーとは、「現在と未来の両軸に目を向けながら、問題定義、問題解決を複合的に実行できる人物」です。私はこのような未来思考型リーダーが、今後の理想的なリーダー像であると各所で提唱しています。

そしてそのようなリーダーが備える行動特性を身に付ける方法として、本書で述べて

図3-1　未来思考型リーダーが備える行動特性

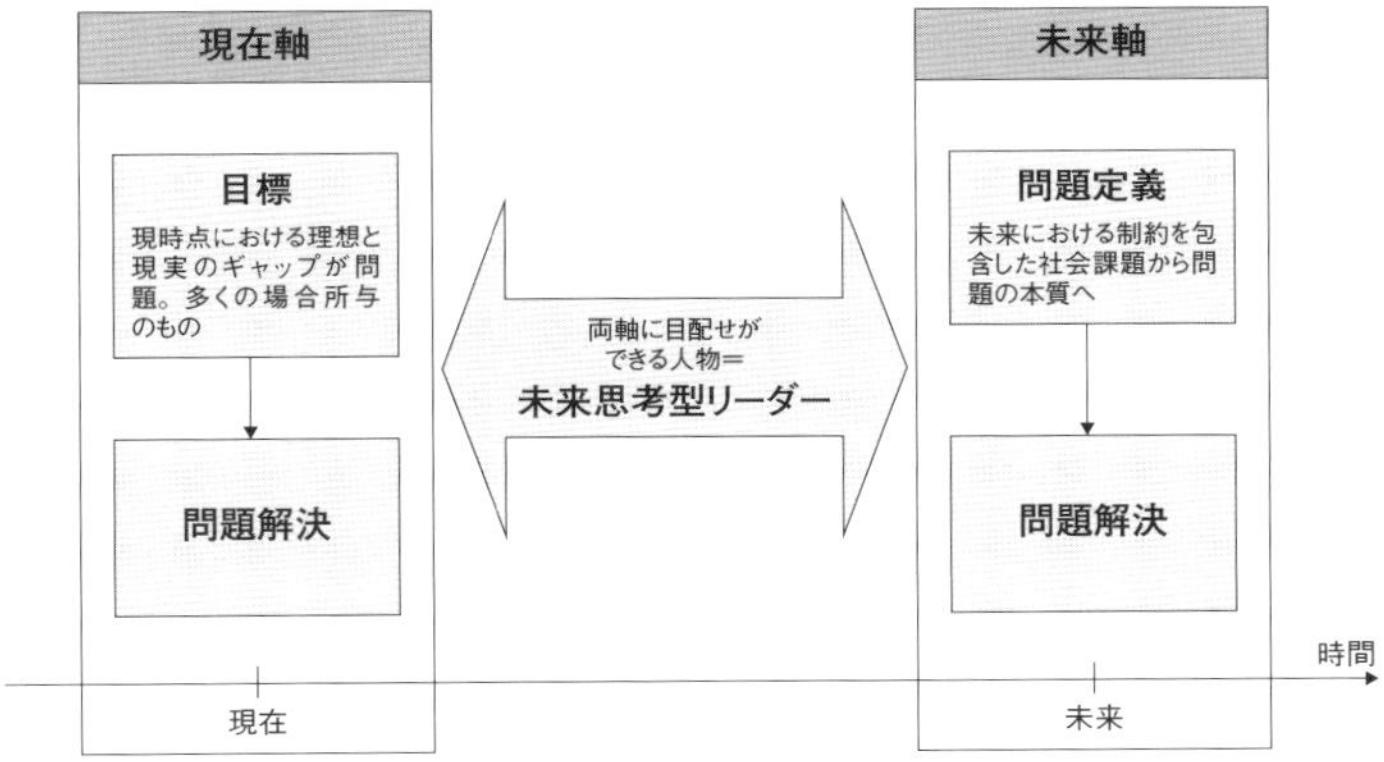

まず時間軸で言う「現在」に着目し、現時点における「問題解決」を実行できる。さらには「未来」にも着目し、未来における理想と現実のギャップを見つける「問題定義」と、それに対する問題解決も実行できる。つまり、現在と未来の両軸に目を向けながら、問題定義と問題解決を複合的に実行できる人物が未来思考型リーダーである。
（出所：インクルーシブデザイン・ソリューションズ）

きたインクルーシブデザイン・ワークショップが有効であると考えています。

なぜ「両軸」が必要なのか

では、なぜ、これからのリーダーには、現在と未来の両軸の考え方、そして特に問題定義の能力が求められるのでしょうか。

一言で言えば、時代の要請です。１つ目の軸だけでは、つまり目標の達成に向けて目の前にある問題を解決する、あるいはそのための能力を備えているだけでは、日本そして世界が直面している多種多様な問題に対応できなくなってきているのです。

こうした１つ目の軸、現在の目標を見据えて問題解決を実行する能力については、日本企業に所属している日本人リーダーはおしなべて得意です。

戦後の高度経済成長期時代から20世紀末に至るまで、日本企業には「目の前の問題を解決すれば事業が成り立つ、生活が豊かになる」という市場環境がそこここにありました。言い方を変えると、目の前には、「理想的な姿」と「現状の姿」のギャップ、つまり明らかな問題がたくさんあり、そのギャップをクリアするための解決策を立案し実行すれば、自動的に売り上げが伸びていく、という構図です。モノが足りない、サービスが足りない、ライバル他社よりも機能が足りない、品質が低い……。こうした目の前の問題、ギャップを見据えて問題解決を繰り返していけば、顧客はある意味自動的に購入してくれて、その結果として自社の売り上げも伸びました。

ところが世紀が切り替わる2000年前後から、世の中の流れが変わってきました。高度経済成長期のような「モノ不足」という時代から「モノ余り」の時代になりました。象徴的なのは「若者がクルマを欲しがらず、所有するのはスマホでOK」といったような風潮です。人々の価値観の多様化も進んできて、マーケティング調査をしても、確実にここを狙えば売れる商品が開発できるという傾向値が出にくくなってきています。

このような時代変化が、多くの日本企業を悩ませています。これまでの成功パターン、つまり経営者が経営戦略を立案し（＝所与の目標を与え）、従業員がその戦略を実行する（＝目標に対する問題解決策を考えて実行する）という絵面が、うまくいかなくなってきたからです。日本の大企業を見ていると2000年代にちらほらとこの構図に気付きはじめて、2010年代に入っていよいよ切羽詰まってきたといった雰囲気です。

翻って、日本企業のリーダーがなぜ問題解決能力が高いのかというと、20世紀型の古い組織環境があったゆえです。

企業の現場を管理しているリーダークラスには、経営陣が立てた中期経営計画、あるいはあらかじめ所属組織に定められたＫＰＩ（成果指標）といった形で目標が与えられます。おそらく、少し背伸びする必要性があるような目標が提示されています。

現場リーダーは与えられた目標の達成に向けて、現状と理想のギャップを問題として認識し、その問題解決策を立案し解決に向けて行動すればよかった。ＫＰＩとしては例えば「売上高」や「利益成長率」、あるいは「顧客満足度」や「クレーム件数」といったもの、組織の目標としては「社内改革提案件数」といったものもあるでしょう。

こうした中で企業はこれまで、この手の問題解決能力の向上を支援するべく、新入社員研修から管理職研修に至るまで、いわば「問題解決力養成型」の研修をたくさん行ってきています。このようにして日本企業の現場リーダーは、経営層から与えられた所与の目標をクリアするための能力を高めてきたわけです。

特に日本人の能力は世界を見渡してもすごいと言わざるを得ず、こうした中では経営が求めている1というレベルを越えた1・2や1・5を出す人もいます。これは日本人の特質かもしれないなと感心することしきりです。

グローバル企業の現場リーダーは「問題を定義し直す」

では、海外はどうなのでしょうか。私は海外に本社を置くグローバル企業の事情を調べてみました。すると次のような構図があることが分かりました。

経営目標や中期経営計画は、ＣＥＯ（最高経営責任者）をはじめとした経営陣が立てます。つまり従業員にとって、それらが目標として与えられるわけです。しかし、従業員はただその目標達成を目指すという形ではなく、現場リーダーが自分たちの肌感覚で問題定義をし直し、その問題を解決するためのソリューションを考案し、経営陣に提案し直しているのです。良質な経営をしていると評価されているエクセレントカンパニーほど、このような傾向が強いようです。

具体的には、「経営陣はこのような目標を提示してきたが、自分たちの現場感覚ではこのような課題のほうが重要だと考えている」「その目標は自社の売り上げ、利益を上げるための目標としては良いが、現在あるいは将来の社会課題を包含したものに調整すべき」といった具合です。先の図３‐１で示した「現在」と「未来」の両軸で考えながら、従業員が問題定義と問題解決を実行するような格好になっています。そして経営陣も、そのような現場の活動を評価しており、現場の声に積極的に耳を傾けるようにしています。

企業として生き残るための在り方を探った結果ということなのでしょうが、従来の「経営が目標を決めて、社員がそれに従う」という構図から、「組織全体、会社全体で現在と未来の両軸に目を向けながら、問題定義、問題解決を複合的に繰り返していく」という構図に移行しつつあるわけです。

社会課題にヒントあり

エクセレントカンパニーほどまではいかなくても、こうした変化は産業界の皆さんも薄々分かっていて、だからこそイノベーションの重要性が叫ばれています。現場は経営陣から「未来を見て、持続的に売れる商品やサービスを考えなさい」といわれている。

しかし、経営も現場も知っているのは過去の方法。つまり、先の図で言う現在軸に目線を置いたままの方法で、現場が得意なのは問題定義というよりは、問題解決です。これでは未来においても持続的に売れる商品やサービスをつくるには、限界があります。

では、問題定義はどう進めればよいのでしょうか。未来においても持続的に売れる商品やサービスとは何か、どこから着手すべきか。そのためにも、未来における社会課題に着想を得るべきなのです。

企業の外側にある、今後起こり得る制約を考慮しながら、将来どんな社会課題が起こり得るかを考え問題定義をし、その問題の解決に至る商品やサービスを企画していくのです。

こうした将来の社会課題は、新たな市場ニーズを生み出すことにもなりますから、必然的に企業組織にとって重要な意味を持ちます。企業の存続や利益確保という意味でも、現在と未来という両軸に目を向けて物事を考えられる未来思考型リーダーは必要です。また、社会の健全なる発展にも寄与するという意味でも、求められている存在と言えるでしょう。

3-2
両軸で考えられる力を身に付けるには

「現在と未来の両軸に目を向けながら、問題定義と問題解決を複合的に実行できる人物」。このような人物が未来思考型リーダーであると述べました。ではこのような能力を体系的に身に付けることができるのか、という疑問を持たれるかもしれませんが、経験上、私はできると考えます。

それでは、何から始めるべきか。まず、自分が所属する組織・企業の強みと、未来における社会課題という2つをしっかり理解します。

私が経営するインクルーシブデザイン・ソリューションズでは、本書の第1章と第2章で紹介しましたインクルーシブデザイン・ワークショップの実施とそれに基づいたコンサルティングを通じて、数多くの企業や地方自治体などの研修や商品・サービス開発のお手伝いをしてきました。ワークショップでは、自社の強みのことを「ユーザー提供価値」と呼びます。

これまで触れたように、インクルーシブデザインの方法論の手法の最大の特徴は「リードユーザ」をプロセスに参画させるところにあります。リードユーザは主に、何らかの障害を持った人たちや高齢者の人たちです。リードユーザは例えば目が見えない、耳が聞こえない、歩けないといった、健常者からすれば極端といえる制約を持っています。これは解釈し直すと、例えば「超高齢社会を迎える未来の消費者の状況を先取り（リードしている」と考えられます。

かつ、リードユーザは「未来」ではなく「今」を生きています。そのため、我々がリードユーザとともに商品やサービスの開発に取り組むことで、超高齢社会で起こり得る未来の社会課題などを先行して捉え、問題解決にいち早く取り組むことも可能になります。

また、例えば私たちが契約しているリードユーザは、単に社会的弱者という立場にとどまっている人たちではありません。望まざる形で持った「極端な不便」を受け入れ、日常どうやってその不便を自分なりに解決していこうかというアイデアを持っており、日常で実践している人たちです。このようなリードユーザが不便を逆に楽しむといった姿勢は、効率性や生産性ばかりを追いかける社会に対するある種の示唆、つまり持続的な社会の実現に向けたヒントとしても、参考になるところが多々あります。

健常者のビジネスパーソンたちがこうしたリードユーザと一緒にインクルーシブデザイン・ワークショップに取り組むと、「自分の強みに気付いた」という人が出てきます。なぜ自分の強みに気付いたという人が出てくるのか。その理由は、リードユーザの個性豊かな強みに直接触れるためです。リードユーザを見ると、例えば目が見えなくても、そのぶん耳が発達していて、1・5倍速みたいな速さの音声を正確に聞き取れる人がいます。つまり、できないこと以上の強みがきちんとある。これが刺激になって、自分の強みとは何かを積極的に考える姿勢が次第に身に付いてきます。

こうした個々人の体験が積み重なってくると、その考え方が組織に対して及ぶようにもなります。「じゃあ、うちの会社の強みって何だろう」といった具合です。

実は誰もがリードユーザの側面を持つ

ところで、健常者は果たして健常者と言い切れるのでしょうか。広く考えると、組織で働いている人すべてが、何らかのリードユーザの側面を持っているのかもしれません。

例えば、実は発達障害だったと打ち明ける経営者、クリエーター、発明家は意外に多くいます。ただ、多くのビジネスパーソンは「自分が発達障害だったと会社で言ったら評価が下がり、仕事を失うかもしれない」と考えて打ち明けないだけで、人口の比率で考えますと一定の割合で発達障害を持っている社員がいるはずです。

一般的にはこうした障害が分かっていても、隠したり見ないようにしたりと「ないもの」にするか、逆に腫れ物に触るように過剰に保護しがちです。ところが、先に触れたように発達障害を強みに変えて突出した才能を発揮している人は数多くいます。つまり弱みを見るか強みを見るか、これはものの見方の問題でしかないともいえるのです。

何でも海外が良いというつもりはありませんが、日本企業は同質化を求める傾向が非常に強く、これが逆に個性をつぶすことになっているように思います。どんなに差異化につながる個性を持っている個人でも、会社のルールに従ってくれと言われればそうせざるを得ない。組織側はマネジメントしやすいものの、今の時代においては不利な面も否めません。

例えば事務部門で働いて成果を上げている社員の中にも、本当は現場で人と接して働くほうが好きという人はいるでしょう。結局、組織の中で誰もが本音を言えず、気持ちにふたをしている人は多い。これは、リードユーザが社会に対して感じている思いと同じなのです。

自分たちの固定概念を崩すためのアレンジ

では、先に述べたようなリードユーザと直接触れて自分の強みを発見できた状態とは、どのような状態でしょうか。端的に言いますと、固定観念をつくり上げていた殻が割れてきた状態です。その状態で、自分たちの商品やサービスを見直してみると、意外な側面が見えてきます。

私たちが企業のコンサルティング支援を行う際には、その企業の方たちが自分の強みを発見できてきた段階で、もう１つアレンジを加えることをしています。例えば、それまでは営業部門しか興味を持たなかったような、競合他者の同種の製品に対して、新たにバックオフィス部門の社員にもコメントをもらうといったことです。すると、営業部門とはまったく別の視点で物事を見ていることが分かります。そうした新たな視点が、自社商品の強みへの新たな認識を与えてくれるわけです。

さらには「社会の視点」、例えば顧客企業、市民、地域、海外からの来日者などといった違った立場から、自分たちの商品やサービスのことを観察してみることをお願いします。例えば社会の視点から「なぜ、自社のこの商品やサービスは売れているのか」という問いです。すると、「なるほど、こういう社会環境があるから、今、うちの製品がこんなふうに売れているんだ」といった価値が見えてきます。

よく商品企画の重要なポイントとして、「自分ごととして考えているか」ということが挙げられます。ただ、逆説的ではありますが自分ごととして考えるためには、視点を社会に置いて見てみることも重要になるのです。社会に視点を置くと、何に対して自分が困っていて、悩んでいるのかが俯瞰的に理解できるためです。支援先企業のワークショップ参加者を見ていると、そこから良質なアイデアがふつふつと生まれてくるということがよくあります。

未来の社会課題を包含するために

ただし、社会の視点を持っていても、ただ目の前のニーズや不便を見つけて、これを解決するアイデアを出すというアプローチでは、未来の問題を定義し解決することにはなりません。

そこでインクルーシブデザイン・ワークショップでは、そのすべてのプロセスにおいて、様々な制約を持つリードユーザと共に考えることを重視します。

第2章で詳しく見てきましたが、インクルーシブデザイン・ワークショップの手法では、デザイン思考にならい大きく5つのプロセスで進めていきます。「観察」「問題定義」「アイデア」「プロトタイプ」「テスト」――の5つです。リードユーザの行動観察から商品やサービスの試作品開発、検証に至るこれらのプロセスを通じて、未来において大きな社会課題となる超高齢社会などの問題を深く掘り下げられるようになっています。

これら5つのプロセスを通じてリードユーザと共に議論することで、目の前のニーズや不便ばかりではなく、「我々が未来に直面する問題は何か」という思考が必然的にめぐるようになります。この現象を私たちは、「未来の社会課題を包含する」、「視点が拡大する（視点拡大）」と呼んでいます。

ビジネスパーソン1人ひとりが超高齢社会といった未来の社会課題を考えるようになり、さらには自社の強みやユーザー価値をそれら社会課題と合わせて、問題定義をし、その解決へとうまくつなげられるようになれば、まさにイノベーションが各所で起きるようになるでしょう。

ここで「インクルーシブ」とは、主にリードユーザを包含していることを示します。

ですが、実は超高齢社会といった未来の社会課題、組織の強みなどをインクルード（包含）しているということでもあるのです。

このプロセスを通じて見いだした新たな問題定義は、他の企業がつくった商品やサービスとは圧倒的に異なるものをつくり出す魅力的なコンセプトとなるでしょう。コンセプト（問題定義）で差異化する時代であるにもかかわらず、相変わらずモノやコト（問題解決）で差異化しようと考えている企業はいまだ多いのです。

私は起業家のビジネスコンテストに呼ばれることがあります。そこで起業家のプレゼンを聞いた後、私はしばしば次のような質問をします。「あなたはどんな問題を解決したいのですか」と。すると起業家のうち7割は「こういうニーズがあるんです、こんな不便があるんです」と答えます。

そこで私はさらに「私が聞いているのは、未来に発生し得るどんな問題を想定していて、それをどう解決したいのか、ということです。目前のニーズや不便を解決することと、未来に起こり得る問題を想定することは違います。ニーズや不便の根底には、未来に起こり得る根が深い社会課題があるはずです」と返します。浮かび上がってきているニーズや不便は、その表層でしかありません。残念ですが、そこを突き詰めた提案を持っている起業家はまれです。

もちろんこれで良いビジネスが立ち上がることもあるのですが、多くのケースは失敗してしまいます。私はその理由を、着目したニーズや不便を掘り下げきれていないからではないかと見ています。

3-3

「未来の問題定義」は市場優位を生み出す

問題定義力にたけたマイクロソフトは海底にサーバーを沈めた

未来の問題定義に基づいて商品やサービスを企画・開発しても、多くの場合、しばらくの間は売り上げにはつながりにくいのも事実です。しかし、将来的に大きなビジネスの種になるのは確かでしょう。未来の問題定義が、未来の市場優位性をつくり出すことにもなります。

未来の問題定義力に優れた企業の例として、米マイクロソフトが挙げられます。同社は2018年、海底にサーバールームを設置し運営するという実証実験を始めました。「ナティック」と呼ぶこの研究開発プロジェクト、推察ではありますが、彼らは未来の社会課題を見据えてこのプランを考えたのではないでしょうか。

ご存じの方も多いと思いますが、クラウドサービス事業者の一番の懸念は、サーバールームの運営費、エネルギーコストです。特に冷却装置のエネルギーコストがかさみます。海底に設置することでサーバールーム全体を冷やせますし、波力や潮力といった海流の力を電力に変換すれば、それでサーバーを稼働させられる。２０１９年時点ではまだ実証実験という位置付けですが、これが本サービスで使えるようになれば、米アマゾン・ドット・コムなどのライバルに対して大きなアドバンテージとなる可能性があります。

彼らはおそらく、「将来化石エネルギーが枯渇する」といった未来の問題を直視し、「そんな時代でもクラウドサービスを存続させるにはどうするか」と定義し、問題解決の方法を考えたはずです。そうした思考様式が、常識的な発想を超越したアプローチに行き着いたとも考えられます。

言い換えると、おそらくマイクロソフトには視点を拡大し、未来の社会課題を包含して物事を考えられる、つまり私が言うところの問題定義力を備えた未来思考型のリーダーがいるのでしょう。

いち早く「未来思考」を取り入れていた花王

一方、日本にも未来思考型のアプローチにいち早く挑戦してきた企業があります。その1社が花王です。

1991年に花王は、ユニバーサルデザインに基づく商品パッケージデザインを考え出しました。これは極めて未来思考型と言えます。当時はインクルーシブという言葉はおろか、ユニバーサルデザインという考え方でさえ一般的ではなかった時代です。

具体的には、視力が限定的な方に配慮して、シャンプーとリンスのパッケージで違いが分かるように側面に刻みを入れ、手で触った際にすぐに判別できるようにしました。これは結果として、髪を洗っている健常者にとっても大変便利なものとなりました。

これがまさにインクルーシブデザインの威力です。つまり、リードユーザにとって便利な商品は、結果として一般の方にも使いやすいものになるのです。

花王は「世界の人々の喜びと満足のある豊かな生活文化を実現する」といった理念を持つ企業です。商品としては洗剤やシャンプーといった日用品を開発・販売していますが、当然ですが商品開発においては、主に一般ユーザーをマーケティングしてきました。

アンケートを取る、インタビューをする、さらには個人のお宅に伺って生活者の生活を観察するといったことに以前から力を入れています。この行動観察においては、生活者の人たちがお店でどういう判断で商品を買っているのか、購入した商品をどう使っているのかといった様々な角度から生活を観察し分析します。

従来は現状のニーズや不便を探る方法でしたが、２０１４年ごろから現場主導でインクルーシブデザイン・ワークショップの手法を使った調査と実践に取り組み始めました。そこでは私たちも様々な角度からお手伝いをしています。

インクルーシブデザイン・ワークショップを体験された方は、しばしば「固定観念を取っ払われた」とおっしゃいます。制約を抱えるリードユーザの「ありのまま」を観察することにより、超高齢社会が直面する「未来に起こり得る問題」を見ることができるようになったと口々に語ります。

私の経験上、「高齢者のニーズを探す」というフィールドワークを実施すると、多くのマーケティング担当者や開発担当者の頭の中には十中八九、「高齢者はこういう人たちだよね」という先入観、あるいは固定観念があり、これに引きずられた見方に陥ります。

ある会社のフィールドワークで、30代の社員に「高齢者とは？」という質問を投げかけたところ、腰を曲げ、つえをついてすり足で歩いている人の仕草をした人がいました。しかし今どき、そんな高齢者はなかなかいません。後期高齢者といわれる75歳以上でも、はつらつとしている人は多い。つまりこの場合、30代の社員の固定観念と、リアルな実態があまりにもずれていたわけです。

花王がインクルーシブデザインの考え方を導入できたのは、もともと花王の企業文化がしっかりしていたうえに、「未来の社会課題を取り込もう」と意識する現場の人がいたからだと思います。

さらに花王の企業文化として高く評価すべきは、「自分たちの固定観念を1回リセットしよう」という意識があったことです。そのために花王は2年から3年ほどをかけて、インクルーシブデザイン・ワークショップを何度も繰り返し実施しました。この間に、徹底的に固定観念をリセットしてきたのです。

このようにしてインクルーシブデザイン・ワークショップの手法を取り込みながら実用化した商品が「アタックZERO」です（特別インタビュー参照）。

アタックZEROのパッケージデザインは、花王が「液体洗剤の容器はどうあるべきか」という、より大きなテーマを探る中で生まれました。液体洗剤が濃縮タイプに移り変わる中、お客様からは「パッケージがコンパクトになるのは良いが、小さい計量カップだと扱うのが難しい」という声も頂いていたそうです。

そうした中で社内の開発者たちが集まって、より付加価値の高いパッケージデザインを実現するべく複数のプロトタイプを作成。私たちも支援させていただきながら、実際にリードユーザに使ってもらってデザインを検証し、課題を洗い出しました。具体的には実際の一軒家を借り、日々暮らしている導線の中で、どのように洗濯が行われ洗剤が使われているのか、という観点から検証を進めたわけです。

この時に協力いただいたリードユーザは大きく3グループに分かれます。①高齢の方、②視覚障害者の方、③何らかの障害などにより握力が弱い方——です。こうした人たちの行動観察、ヒアリングなどを通じてプロトタイプを検証して、最終製品のアタックZEROのパッケージに仕上げました。

液体洗剤を扱うという都合上、インクルーシブデザイン・ワークショップの5つのプロセスのうち、最後の「テスト」（検証）だけをリードユーザと一緒に行った形ですが、暮らしの導線の中で自然に使えるか、具体的にはパッケージの取っ手の角度、液体洗剤をプッシュして出す際の感触や出方など含めて検証する中で、開発者の人たちは「リードユーザの行動観察やインタビューを通じて、自分たちが想定していなかった課題を確認できた」と評価されていました。

ビジネスにSDGs・ESGを浸透させる

近年、世界企業の間では国連が掲げるSDGs（持続可能な開発目標）やESG（環境、社会、ガバナンス）が経営課題として注目を浴びており、数多くの日本企業が取り組もうとしています。こうした中で私は、インクルーシブデザイン・ワークショップの手法を経営戦略に取り込むことによって、必然的にSDGsやESGを経営戦略から現場でのオペレーションにまで浸透させることができると考えています。

SDGsには「質の高い教育をみんなに」「人や国の不平等をなくそう」といった17項目が挙げられています。多くの日本企業、特に大手企業の経営企画部には、それらをうまく経営戦略に織り込んで描けるスタッフがたくさんいます。けれども、問題は、それを実行に移すフェーズです。よくあるケースが、きれいに描かれた経営戦略の像が、まったく現場の戦術やオペレーションと一致しないというものです。

一方、SDGsやESGでうたっている内容とは、まさにこれまで触れてきたような社会課題の解決です。それらをどう自社の商品やサービスに取り込むか、その「インクルード」の方法を知らないが故に、いつまでたってもSDGsやESGに基づく経営戦略と、日々の売り上げや利益を上げるための商品やサービスが乖離したままとなります。なぜ経営戦略と現場が乖離するのか、そこには企業組織におけるマネジメントの考え方や、マネジャーの評価のあり方も関係してきます。ほとんどの企業は、マネジメントの姿勢も社員の評価も売り上げ利益を上げてなんぼ、目の前の問題を解決してなんぼです。

問題定義も未来思考もほとんど評価されないので、誰もやらない。いくら経営戦略の中でSDGsやESGと唱えていても、目先の利益向上、問題解決をやらなければ給料は上がりませんというわけです。これでは浸透するはずもありません。せいぜい、嗅覚の鋭い一部の社員だけが、将来への布石として粛々と自主的にやるだけです。

そうした嗅覚の鋭い一部の社員は大概の場合、自分たちが手掛けている商品やサービスとSDGsやESGがどう関連するのかを考え、自分たちで勝手に問題定義し直して対応しています。SDGsやESGで掲げられた社会課題が10年後や20年後にどう市場に影響を及ぼすかを予測し、それが自社商品の強みやユーザー価値とどう結び付いてくるかを考えています。とはいえ、このような現場はごく少数でしょう。

どうすればSDGsを経営戦略に取り込めるか

ここで、未来思考型リーダーであればSDGsをどう経営戦略に取り込めるのか、例を考えてみましょう。

先にも述べたようにSDGsの17項目には、「質の高い教育をみんなに」「人や国の不平等をなくそう」といったものが掲げられています。今、企業はそれらに沿って、障害者や社会的弱者を支援する直接的な活動をしようとしています。

よくある取り組みとしては、こうした社会的弱者のために資金を提供し、生活を支援するというものです。ただこれについては「依存型の支援」、つまり持続しない活動であるという批判が多々あります。彼らの意思に沿った自立的な活動を助けるものではないからです。また、社会参加したい障害者にとっても、ある意味迷惑なものともなっています。

実際、これまでの大企業における障害者雇用も、依存型と言われても仕方がないものがあります。大企業は障害者雇用を進めており、それ自体は悪いことではありません。ただ、障害者にどんな仕事を提供しているかというと、特例子会社を用意して、そこでひたすら単純作業をやらせているだけといったケースも見受けられます。もちろんそうした作業に対して給与を支払っているのですが、最低賃金法に抵触しない程度の賃金を払った上で、簡単なデータ入力をさせたりしている。常識的に考えていくと事業としての魅力は少なく、これが持続するとも思えません。

一方、インクルーシブデザイン・ワークショップにおける障害者、つまりリードユーザとの協業は、依存型ではなく自立型です。そのプロセスの詳細は第2章で触れていますが、障害者1人ひとりの強みを価値に変えるべく、得意分野に着目して活動します。別の言い方をすれば、それぞれのチーム構成メンバーが持つ違いを、どう価値に変えるのかを考えながらアイデアを練るわけです。

私たちと一緒に仕事をしているリードユーザで、視覚障害を持っている人がいます。このリードユーザは、欧州のある香水メーカーにおいて、香りのテスターを担っています。目が見えない分、香りに対して非常に敏感な感性を備えているためです。

もちろん今どきは機械でも香りを分析でき、その結果をデータとして出力します。一方、リードユーザは人間なので、香りを言葉で表現します。微妙なにおいの違いを言葉で表現できるという能力は、製品のコンセプトが高度化すればするほど逆に強みとなります。このメーカーは、SDGsでうたう企業のあり方を体現しているとも言えるでしょう。違いを価値に変えるというのは、まさにこのようなことではないかと思うのです。機能性や効率性ばかりに偏らず、多様性や文化を重んじるスタイルは欧州ならではという印象がありますが、こうした感性は日本人こそ優れているはずです。日本企業は世界で一番早くこのようなSDGsと利潤追求の合わせ技ができると信じています。

未来思考が普及した先に見える組織と社会

インクルーシブデザイン・ワークショップの手法を身に付けた未来思考型のリーダーが企業に増えることで、どんな組織が具現化するかを考えてみましょう。

まず、組織がこれまでの限界を超えて発展していけるようになる、ということです。先にも述べたように、未来思考型のリーダーは、未来に存在する社会課題を踏まえて商品やサービスを考えることになります。これは従来のあり方とは異なる活動へと組織をいざないます。

2つ目として、組織はユーザーすなわち顧客に対して新しい価値を提供するようになる。そして3つ目に、未来の社会課題を包含する活動を通して、社会において持続的な商品やサービスを実現・提供できるようになります。こうなると事業活動そのものも持続的になるでしょう。

持続的であることとは、すなわち社会や地球に対して貢献する組織になるということです。企業組織が現代社会に与えている影響力は多大なものがありますから、持続的な商品やサービスが、社会のあり方に好影響を与えることは言うまでもないでしょう。

第1章では愛知県の自動車会社に4人のリードユーザがいるというエピソードを紹介しました。最近は他の企業からも「我が社にいる障害を持つ社員をリードユーザとして育成してくれませんか」といった依頼を受けます。つまり、従来は私たちが契約しているリードユーザを活用して商品開発をしていた企業が、社内で同じことを実践したいとおっしゃっているわけです。背景には、大手企業では障害者雇用を積極的に進めているということがあります。

私たちは東京都と協力して「リードユーザ育成プログラム」を推進していますが、その理由は、リードユーザの活躍の場を増やしたいためです。リードユーザの活躍の場を用意することで、企業においては「違いを価値に変える」というダイバーシティー力の向上、新しい組織文化の醸成にもつながるはずです。

3-4

未来思考型リーダーの行動様式とは

先入観を外して徹底的に観察する

未来思考型リーダーとは、「現在と未来の両軸に目を向けながら、問題定義、問題解決を複合的に実行できる人物」と述べました。また、そのようなリーダーになるための具体的な方法として、リードユーザを巻き込むインクルーシブデザイン・ワークショップの手法を実践することを提案してきました。

ここからは、未来思考型リーダーになるための条件や、未来思考型リーダーの行動様式について、もう少し掘り下げて考えてみましょう。

インクルーシブデザイン・ワークショップを提供していると、未来思考型リーダーになるにふさわしい「これは」と思う人がいらっしゃいます。そうした人たちを見ている時の感触で言いますと、「徹底的に観察する人」です。

インクルーシブデザイン・ワークショップでは最初の「観察」というステップでリードユーザと一緒に外に出て、リードユーザがどのように行動するのかを観察します。第2章でも触れましたが、このステップはフィールドワークが中心です。フィールドワークでの観察を通じて、来る超高齢社会などの未来の課題がどこに眠っているのかを見つけていくわけですが、優れた方は、ここで徹底的に観察し、いろいろな情報を読み取ります。

具体的には、まずリードユーザと一緒に電車に乗って移動するなどして、外食やショッピングなどをします。一緒に行動して、その様子を観察することでリードユーザの不便を集めていきます。ワークショップの会場に戻ってきた時に、見つけた不便さをそれぞれが付箋に書くわけですが、優れた方はほかの方の2倍から3倍の量を書きます。

では、たくさん書ける方は、どのようにリードユーザと接しているのでしょうか。ワークショップの後でリードユーザにヒアリング調査をしたところ、次のようなコメントがありました。

「付箋に書かれた内容を聞いてみると、彼らの固定観念と真逆の世界が私たちリードユーザの日常生活には存在しているので、一緒に歩いているときに、それが彼らにとっては非日常に見えていると思う。たくさん書ける人は、そのような非日常が隠れていたといういうワクワク感や驚きを敏感に感じ取っている人。そのため、素直に『これってどうなんですか』『あれってどうなんですか』と質問を投げかけてくれる」

第2章でも触れたように、インクルーシブデザイン・ワークショップでは最初に、「今日はリードユーザに何を質問してもいいです」と宣言します。このワークショップに参加するリードユーザはある意味プロですから、「いつ目が見えなくなったのか」「そのときの気持ちはどうだったのか」「普段トイレやお風呂はどうしているのか」といったことも含めて、何を聞いても構わない、と説明します。聞けば聞くほど未来の社会課題が見えてくるためです。

しかしそうは言っても、リードユーザが障害者であった場合、初めて会った障害者にそのような質問ができる人はなかなかいません。そこでその前に15分ほど、アイスブレークの時間を設けるわけです。この時にあっという間に打ち解けるような人は、ワークショップの観察でも付箋の数が多い人です。重要になってくるのが、何事も決めつけず「世の中をフラットに見る」ということです。

固定観念が強い人は、観察後の発表時にまず「うちのチームのリードユーザは視覚障害者です」といった説明の仕方をします。つまり、視覚障害者という固定観念から抜け出ていない。しかし、フラットな見方ができる人はいきなり「うちのチームのリードユーザは買い物をするときに、こんなところに着目していることが分かりました」という説明をします。つまり、固定観念から抜け出て、すでに強みを見つけているわけです。

実はこのような人は、圧倒的に女性に多いのです。一方で男性はテーマに引っ張られる傾向が強くあります。例えば「超高齢社会の買い物をデザインする」とテーマ設定をすると、「買い物」に関する不便しか集めてきません。

より詳しく言うと、観察する場合、実は買い物という行動をとるにしても、家で準備をする、交通機関に乗る、買い物をして家に着いて荷物を解くところまで、すべてが買い物行動です。そこまでを観察することでようやく超高齢社会の課題が見えてくるわけです。しかしどうしても男性のビジネスパーソンは、実際に買うところの、売り上げに直結する領域ばかりに関心が向きがちです。要するに利益に結び付かないところについては、どうしても省いてしまいがちなのです。

総合的に言いますと、女性あるいは子どものようにフラットに物事を見ることができて、しかも日常の各所に興味を抱けるような観察眼や感性をもっている人が、未来思考型リーダーとしての素質を持ち合わせていると言えるでしょう。

インクルーシブデザインで固定観念が打ち崩される

インクルーシブデザイン・ワークショップのプロセスを何度も繰り返し体験していくと、フラットに物事を考え、日常の各所に興味を抱けるような観察眼や感性が磨かれていきます。

私たちのインクルーシブデザイン・ワークショップの無料体験会では、3時間30分の間に一通りのプロセスを経験していただきます。体験会では各グループの中にリードユーザが入って、一緒にディスカッションや、先に述べたフィールドワークを行います。最後にはグループで考案したアイデアの発表もします。つまり短時間ではありますが、問題定義から問題解決までを参加者自身の手で考え、発表し、お互いに評価をするところまで実施するわけです。

体験会に出た人たちの感想で一番多いのは、「固定観念をリセットできた」あるいは「自分の固定観念の強さを改めて感じた」という声です。

「固定観念がある」という事実について、ある程度は仕方のないことですが、我々は日常生活の中ではなかなか気付くことができません。リードユーザと接することによって、そこに初めてフォーカスが当たるわけです。

特に女性の参加者には、そうした気付きを「具体的な商品開発に生かしたい」とか「マーケティングに生かしたい」、あるいは「ダイバーシティー研修をやりたい」といったように、具体的なイメージにつなげた感想を持たれる人が多いです。また3時間30分の間でチームビルディングからソリューションの策定、評価まで行うわけですから、「こんなに短い時間でも成果物ができる」という点に驚く人も多くいます。

さらに、一般的な企業の日常活動ではまったく出会わないようなリードユーザの人たちが、いわば「触媒」としてイノベーティブな視点を与えてくれるということを評価する人もいます。これまでも触れていますが、リードユーザは自分の生活を楽しくすることについて積極的な障害者や高齢者たちです。自らの特性を生かして、企業や社会に貢献したいと考えており、実際そのように活動しています。

一方で、私はしばしば、インクルーシブデザイン・ワークショップで「リーダーとしての成功体験を捨て、その成功体験に基づいたマネジメントのスタイルから卒業しましょう」と呼びかけています。

今の企業組織においては、必ずしも役職を持っていなかったとしても、ある程度の経験と能力を持っている人であれば、メンバーを引っ張っていくという意味でリーダーとしての役割を担っているはずです。そしてどのリーダーであっても、自分の成功体験を持っています。もし未来思考型リーダーになりたければ、あるいはなる必要があると感じているならば、なるべくこの成功体験を捨てる必要があります。その理由は、成功体験が固定観念をつくる原因ともなっているためです。

とはいえ、急に固定観念とか成功体験を捨てろと言われても、何をどうすればいいかと困る人がほとんどだと思います。

私なりにこれをもう少し踏み込んで説明すると、「それぞれのメンバーの強みをちゃんと見ること」です。実はインクルーシブデザイン・ワークショップに取り組むことで自然とメンバーの強みが見えるようにもなります。

先にも触れましたが、インクルーシブデザイン・ワークショップのプロセスを踏むということは、リードユーザから学ぶということを意味します。この体験は自然と、人の持つ弱みと逆に備える強みを見ることにつながります。問題意識を持たれている人であれば、この強みを発見することの面白さと共に、部下の多様性、その弱みと強みを発見することとの共通性に気付きます。

繰り返し強調しますが、実はリードユーザは必ずしも障害者や高齢者だけとは限りません。「違い」という点に着目すれば、企業内にはリードユーザがたくさんいます。それぞれの弱点を見ればそれぞれがリードユーザであり、逆に弱点を見ることでその人の強みも見えてきます。

このようにして未来思考型リーダーとしての振る舞いが身に付いていけば、どうなるでしょうか。確実にチームは強くなり、成果が出るようになるでしょう。

加えて、今後は職場でリードユーザが増えてきます。高齢者雇用が各職場で進むことが予想されるためです。そうなると、自分よりも相当年齢が上の人を部下として扱わなければいけなくなり、インクルーシブデザインの考え方も一層重要になるわけです。

組織の原因もある

ところがインクルーシブデザイン・ワークショップの体験会で感化された参加者たちも、自分の組織に戻ると、そのような発見や達成感とはまったく別の従来の世界に再び埋没してしまいがちです。

性差論を述べるつもりはありませんが、女性のビジネスパーソンは上司を説得して会社への提案としてまとめてほしいと依頼を持ってきたり、上司を連れて体験会に来たりすることが多いという印象があります。一方、男性が持ち帰って上司に提案をしても上司はなかなかうんと言わないケースが多いようです。

そこでなぜ女性が持ち帰ると上司はうんと言うのだろうかと思い、女性の参加者に話を聞いてみたところ、シンプルに「体験して面白かったのでぜひ」と言っただけなのだそうです。男性に話を聞くと、パワーポイントの資料をベースにプレゼンをしましたという。どうも、結局そこで熱意がうまく伝わらなくなってしまうようなのです。

上司も人間ですから、熱意ある推薦なら私も行ってみようかとなるわけです。また、男性の上司からすると、女性の意見から何か新しいきっかけを得られるかもしれないという期待感があるのもしれません。

ではなぜ、男性は固定観念が強く、女性の方が柔軟なのでしょうか。これは企業組織のあり方や教育が関係しているとも考えられます。従来型の企業組織はいわば男社会で、レッテルを貼る文化ともいえます。学歴やスキルなどの定量的・定性的な測定値で人事が決まり、組織が動くことが多い。結局、そこで働く社員も画一的な思考形態に陥ってしまい、そうしたことが新しい価値を生むのを阻害しているように思うのです。ですので男性には同情の余地もあります。

総じて、男女に関係なく持っているはずの未来思考型リーダーとしての素質を、日本の企業組織が奪ってきた、あるいは引き出せていなかった。素養を見ず、強みを生かせず、むしろ才能の芽を摘んでしまっているということなのかもしれません。

これがまさに、日本の企業組織で未来思考型リーダーが育ちにくい理由です。現状における評価者の出世のプロセスと評価システムが、未来思考型リーダーを排除するものになっていると考えられます。

先にも少し触れましたが、多くの企業の出世プロセスと評価システムは「現在」の成果を重視しています。つまり今この瞬間に売り上げを上げられる、あるいは売れるモノやコトをつくれる人が評価され、出世します。そのようにして出世した「偉い人」が評価者になり、その価値観で評価システムをつくるため、自分と同じように売り上げや成果を上げる人を評価します。

もう1つの軸である「未来」、つまり中長期の視野で問題定義をする人や、未来の社会課題を探れる人は、評価システムの外側に置かれることにもなります。「両軸のリーダー」が求められるにもかかわらず、今の日本の組織は「単軸」にとどまってしまっているのです。

そのような足元ばかりを見る評価システムで、この時代を生き残れるはずがありません。インクルーシブな評価システムを取り入れた人事考課や組織マネジメントをしなければ、これからの未来思考型リーダーを育成し抜擢することは難しいでしょう。

また、KPIを導入し、多角的に評価しようという企業も増えています。基本的には良い取り組みと言えますが、評価軸が足元の売り上げに貢献するという思想から抜け出せていないケースがほとんどです。勢い「KPIを使えばよい」という短絡的な思考にもつながり、個人の強みを見ることを放棄する組織にもなりかねません。

どの企業も口では「将来に投資」と言うけれども、評価システムや組織マネジメントに未来思考型の視点が組み込まれていなければ、未来思考型リーダーを目指していても現場では冷や飯を食わされる。自分の給与に反映されないため、社員個々人としても、大事とは思っていてもなかなかそれを目指そうとはしません。インクルーシブな考え方とはまったく真逆の世界が、売り上げベースの評価システムによって生まれてしまっているわけです。

また先ほど、インクルーシブデザイン・ワークショップでは「リードユーザに何でも聞いてよいと宣言している」と触れました。実はこうしたオープンなやり取りが、リードユーザの強みを発見し、深い情報を引き出す共感の基盤になっています。ところが企業の現場を見ると、オープンなやり取りが難しい状況になっていることは否めません。例えば「どこで育ったの」というフランクな質問が、「この会社の仕事と何か関係ありますか」と、真顔で返される時代です。そんな腫れ物に触るような人間関係で、スムーズに仕事ができるでしょうか。

極端に言えば、社員を道具としか見ていないといった時代に突入しているのではないでしょうか。人間を利益を上げるためのドライバー、ペンチ、のこぎりとしてしか見ていないわけです。マネジメントする側もそうだし、働く側も「自分は機能さえ提供すればそれでいい」と見ている。お互いに人間としての働き手を求めていない。それでいいのか、と思ってもしまいます。

私は、売り上げをベースに置いた評価システムやドライな職場をすべて否定しているわけではありません。しかし、これらが未来に向けた「両軸のスキル」を持っている人たちの存在を埋没させているといえるのです。そうなると企業は今日食べるべき食事さえ食べられなくなってしまう恐れがあります。

3-5

組織の問題を乗り越える

インクルーシブデザインを学んでも生かせない

ここからは私たちの現在進行系の課題も含まれる話題となりますが、先に触れてきたインクルーシブデザイン・ワークショップを学んだビジネスパーソンたちの悩みについて考えていきます。

私たちが主催するワークショップを体験したり、企業の現場でワークショップに参加したりした人から、数カ月後に相談を受けることがあります。その内容とは「上司が理解してくれない」というものです。

構図としては次の通りです。インクルーシブデザイン・ワークショップの手法を学び、未来の社会課題を解決できる新しい商品やサービスの企画を見いだせるようになった。企画を磨き上げて、ビジネスモデルも考えて、上司に提案した。けれども、上司は旧来型の評価システムの中にどっぷり漬かっている。このため提案内容を理解してくれない、というものです。

仮に現場の上司が多少なりとも理解がある人だったとしても、事業部長や役員など上に行けば行くほど提案が丸くなる。結局、提案がつぶされたり、当たり障りのない内容になって世に出ることになったり、売れずに終わるということにもなりがちです。それでも諦めない人は大企業を辞めてベンチャーに行くか、起業するケースも見られます。私からすれば、本来その企業内でこれから活躍する未来思考型リーダーをワークショップで育てているのに、企業がそうしたリーダーをみすみす組織から流出させているようにも見えます。

起業家が世に増えるのは良いことですが、やはり既存の企業が日本の社会を支えており、大きな影響力を与えているのは厳然たる事実です。そのために既存の企業にまずは変わってほしいのですが、そうした企業からの参加者のほとんどがいきなり挫折するのです。ここには非常にジレンマを感じます。

従来型組織はもう魅力的ではない

また、モノやサービスが行き渡った社会で生まれた若い世代の人たち、特に30代くらいの若手リーダーにとっては、「今の利益」ばかりを重視している従来型の企業組織は、つまらないことこの上ないようです。そうした中でリードユーザと共に街を歩くと、「せっかく仕事をするならワクワク、ドキドキしないともったいない」「普段の仕事がまったくワクワクしていない」ということに気付いてしまうわけです。

では、今の企業組織が若手リーダーにとってつまらない理由を、もう少し掘り下げてみましょう。

大きな理由の1つは、自己循環型の仕事になっていないことが挙げられます。分業が進みすぎて、自分がモノづくり・コトづくりに一貫して関わっているという感覚になりにくい。また、上司からミッションが下りてきて目標を達成するわけですが、その目標達成以外のことに関わろうとすると煙たがられる傾向があります。そうしたところで上司に提案しても、お前は余計なことを考えずにお前の仕事をしろと言われるばかりです。

若い頃からそんな体験ばかりを繰り返していくと、自分の仕事は「お上」が決めて、その決められたレールの上をただやみくもに走ること、という具合に縮こまった思考形態が身に付いてしまいます。

特に2010年代に入ってからはますます、経営層から「走り方のスピードを上げろ」と言われる現場が増えているようです。上から手取り足取りやり方を縛られたうえ、「このやり方では良くない」ということが分かっているのに「このやり方でもっと走れ」とされる。課長になり、部長になり、経営層から突きつけられたKPIを会議で振りかざしながら、目標を達成していない部下にひたすらハッパをかけるわけです。多少なりとも冷静に考えられる思考能力を持っている人であれば、どこかでこのままではまずいと気付きます。

また、今の若い世代には、多くの40代が経験してきたような「背中を見て勝手に育て」といった乱暴な指導は通用しません。一方、経営ではKPIで管理する傾向が強まっているため、「全員このマニュアルに従え」という画一的なマネジメントを強いられています。

すると元気の良い若手ほど、「私のオリジナリティーはどこに生かされるんですか」という、昔であればあり得なかったような文句を言うわけです。指導のための質問であっても、「何でそんな質問をするんですか」と言われたり、「納得しないとやれません」と言われたり、仕事が終わっていないのに「残業は嫌です」と言われたり。

40代以上の上司からすれば「どうやって給料をもらっているんだ」と叱りたくもなりますが、下手をすればパワハラだと人事部門に訴えられかねないので、上司としては折れるしかありません。すると、だんだんと自分が自分で仕事をコントロールできている感覚が薄れてきてしまいます。

一方で、こうした現場のリーダーが、リードユーザと接するとどうなるか。一般的には、障害者は「できないことが多い人たちで、かわいそうだから支援しなければいけない」と思われがちですが、そのような人々が健常者である自分にいろいろなことを教えてくれるわけです。「日常」とまったく真逆の「非日常」を発見する体験は健常者にとって格別なもので、日々の仕事もこのような新鮮さで取り組めたら楽しいのではないかと感じるはずです。

実際、日経ビジネス「課長塾」でインクルーシブデザイン・ワークショップの研修を実施すると、アンケートでこのような声がたくさん聞かれます。裏を返すと「今どきの企業のマネジャーは楽しくないんだろうな」と感じます。

翻って今の企業組織はあまりにもKPIに偏るがゆえに、リーダーが自分の裁量で行動できる幅が少なくなってきています。リーダーは自分の裁量で目標を決め、物事を動かせる立場であるはずなのに、その手足がKPIの目標数値で縛られている。達成感を感じられるようなこともなく、ただ消耗する仕事生活に陥っているわけです。

失敗を容認しないマネジメントになっていることも問題です。KPIで測るマネジメントは、KPIの業績には直接つながらない未来への種まきや、業績が一時的にでも落ちるアクションを阻害する傾向にあります。現場主導で何かアクションを起こして失敗すれば、それは業績低下に直結します。

KPIの目標を達成できなければ会社で認められず、給与も下がる。業績に関係のない余計なことをやって失敗して評価を下げるよりも、言われたことだけやって一定の評価をもらってある程度のボーナスを手にしたほうがいい。こうしてKPIだけを見るロボットが純粋培養されてしまうわけです。これではイノベーションを起こせる組織などできるはずがありません。

デザイン思考で起こりがちな失敗

インクルーシブデザイン・ワークショップの手法と通常のデザイン思考はどう違うのか、と聞かれることがよくあります。デザイン思考は今数多くの日本企業で導入が進みつつありますが、これで成果が出ているという話もあれば、成果が出ていないという話もあります。それはなぜなのか。ここで改めて見ておきましょう。

成果が出ていない場合の理由を申し上げると、今の日本企業の間では、デザイン思考で言う「問題定義」が問題定義として処理されていないことが挙げられます。

より具体的に言うと、デザイン思考とインクルーシブデザイン・ワークショップでは同じようにステップ1としてユーザーを観察します。インクルーシブデザイン・ワークショップではリードユーザを観察しますが、デザイン思考は一般の人たちです。

そして以降は同様に、ステップ2からステップ5までを回していきます。こうした5ステップを、何十回も回していくことを重視しています。

日本の多くの企業が陥っている間違いの1つ目は、このうちのステップ4のプロトタイプづくりを緻密にやりすぎてしまうことにあります。デザイン思考では、5ステップ全体を何度も回していくことが大事であり、回すうちに精度が上がり、未来の社会課題を解決できる商品が生まれたり、あるいは検討のプロセスを通じて組織の文化が変わったりといったことが見えてくるわけです。ところが日本企業の場合は従来の延長線に戻ってしまい、どうしてもモノづくりに偏ってしまう。

逆に米国でデザイン思考がうまく導入されている理由は、多くの場合デザイン思考をMBA（経営学修士号）の取得者が学んでいるためです。いわゆる問題解決能力が経営レベルに達している人たちが、米スタンフォード大学の「d．school」と言われるデザインスクールで学びます。観察や問題定義、アイデア、プロトタイプ、テストと同じプロセスを学んだとしても、プロセス全体の意味や意義を理解しているため、デザイン思考をどう取り入れればイノベーションにつながるのかと考えながら学ぶわけです。

ところが日本人の場合は、経営全体の観点からデザイン思考の意味を消化せずに、この5ステップを取り入れる。デザイン思考を使えば何かイノベーティブな商品が生まれるのではないかという発想で、目標が最初から「売れる商品づくり」になってしまいがちなのです。このためプロトタイプづくりに偏りやすく、何回も回して精度を上げ、新たな問題定義につなげるという未来思考型に切り替わらない現状があります。

間違いの2つ目は、問題定義に対する無理解です。日本人がデザイン思考を普通に実施すると、ユーザーを観察し、そのニーズや不便を見つけます。さらに、現在のニーズや不便を解決するアイデアを出せばそれで良いでしょうという発想に陥っています。ニーズや不便の裏側にはどんな社会課題があるのかを考えずに進めます。こうした場合は、現在の不便やニーズと未来思考型の問題定義の違いが意識されていないのです。

一方、インクルーシブデザイン・ワークショップでは問題定義をする際に、未来の社会課題を包含するようにします（詳細は第2章を参照）。

例えばですが、仮に生活者が何に困っていて、何を欲しているのかは観察すると分かります。けれども、その欲しているものに対する解決策は未来における社会課題を解決するものではありません。困りごと、欲しているものの裏には、どんな未来の社会課題が横たわっているのかと抽象度を上げて考えます。そのうえで、「解決する問題を定義しなさい」という問いに答えるように思考します

インクルーシブデザイン・ワークショップでは、参加者が未来の社会課題を掘り下げやすくするように、様々な例を示しています。ここではその1つ、水資源の問題についてご紹介しましょう。

実は水問題の本質とは、水が足りなくなることそれ自体にあるわけではなく、水資源が高価になり、お金持ちしか水を使えなくなったり、あるいは水の取り合い、場合によっては戦争の火種になったりするところにあります。

「水が足りなくなる問題で、ニーズを満たそう不便を解決しよう」と短絡的に考えると、水の量を確保する、例えば「逆浸透膜（ＲＯ膜）を使って海水を水に変えればいいじゃないか」という発想になりがちです。これが何が良くないかと言うと、未来の制約をインクルードしていないという点です。

海水を真水に変える技術そのものは素晴らしいものですが、ＲＯ膜を使って水に変えるのにどれだけのエネルギーが必要かと考えると、なぜ普及していないかが見えてきます。海水をＲＯ膜に通すために高い圧力をかける必要があり、多くの電力を使用するため運用コストが高くなるといった課題があります。将来的にも多大な電力が必要ということになれば、持続的ではありません。そうなると、ここで思考停止になってしまいます。

一方、水が足りなくなることにおける社会課題は何か、それを解決するにはどうしたらよいかという観点で問題定義できれば、技術に無理やり頼るのではなく、例えばライフスタイルの変革を通じて水資源を有効活用できるよう消費者を誘導する、といった発想も出てきます。こうしたことが、持続的な社会づくりに貢献する考え方と言えるでしょう。

デザイン思考もインクルーシブデザイン・ワークショップと同じように、根本解決のために考えるべきポイントを押さえることが大事です。ステップ1で観察対象となるのが一般の人なのか、制約を持ったリードユーザなのかという違いは大きいですが、結局日本の場合、デザイン思考では従来型のアンケート調査などを基にした商品開発とプロセスがあまり変わらなくなってしまうことも多いため、何も変わらないということも起こってしまっているわけです。

「市場占有率」はもう意味がない時代に

とはいえ、インクルーシブデザイン・ワークショップにも普及に向けた阻害要因はまだ残ります。例えば、日本企業の旧来型組織および経営戦略の問題点があります。それは市場占有率ばかりを重視する傾向です。

これまで企業は売り上げアップに加え、「市場でのシェアをどれだけ取るか」という考え方で成長してきました。これもＫＰＩと同じで、市場の中で何パーセントのシェアを取るかという目標は立てやすい。経営学でも当然このようなアプローチを学びます。現在のシェアは世界20％だから、これを25％にするんだといった具合です。するとおのずと売り上げ・利益の目標値が定まり、人員はどの程度必要かといったリソースの議論ができるようになります。

ただ、これが通用していたのは市場が飽和していない状態、つまり成熟しきっていない経済のときでした。洗濯機がないから手で洗う。そこに洗濯機を売り出せば洗濯機が売れる。洗濯機がどの地域でどの程度売れているのか、どの地域の市場シェアが低いのか、じゃあその地域のシェアを上げるために支社に何人送り込もう、といった戦略です。

しかし、ほとんどの種類の市場が成熟してしまっている今、シェアを取りに行くという概念自体に意味がなくなっています。だからこそイノベーションが必要だと言われて久しいわけです。イノベーションとはすなわち新しい市場をつくることですが、実はもう社会の中には「新しい市場」がそれほどには存在し得ないとも考えられます。以前と同じように、新しい市場を作ってまたシェアを獲得するという考え方は、適用が難しくなっているのかもしれません。

こうした成熟市場の中で、どう市場占有率を高めるかという考え方をそのまま引き継いでいる上場企業は、お金を出して同業他社を買っています。しかしそれで根本的に企業が新しい価値を生み出したわけでもなく、ただ同業他社分の売り上げ・利益が積み重なっただけです。つまりそれほどに「成長」の概念が行き詰まっているわけです。

では、企業を市場占有率などで評価することが難しくなってきたとすれば、今後はどう評価すべきなのでしょうか。私は、これから社会が企業を「未来の社会課題をどれだけ解決したか」という観点で評価するというのであれば、それはありだと考えます。理想としては、株主総会などで社会課題を解決した数で評価される、そのような市場の考え方が社会に根付くべきではないでしょうか。未来思考型のリーダーおよびその未来思考型の組織は、社会課題に注目して、例えばその数や質について計測するようなＫＰＩにするべきだと思います。

気が付いた現場リーダーができること

かように現在の企業組織には、多様な問題が横たわっています。とはいえ、ここで現場のリーダーが腐ってしまっては意味がありません。インクルーシブデザイン・ワークショップの手法を学び、問題定義の重要性に気がついたリーダーが、最初に着手できることは、何でしょうか。

大企業で言うミドル、年代で言えば30代から40代の人々ですが、私が名古屋商科大学大学院のMBAコースなどで彼らに提案しているのは、まず自分の裁量でできる範囲で小さな成功事例をつくるということです。

インクルーシブデザイン・ワークショップの手法を通じて未来の社会課題解決に通じる製品やサービスを思いついたとしても、それを実際に商品化するのはハードルが高く、時間もかかる。そこで、まずは直属の上司に納得されるような成果物を生み出そうというのが趣旨です。

その成果物とは例えば、自分の裁量で開催しているミーティングの生産性を上げるといったものが考えられます。第2章でも紹介しましたが、ワークショップではリードユーザをはじめ参加者の平等性を重んじつつ、短時間でグループのアイデアがまとまるよう、次のような方法を採用しています。グループのうち1番目に発表する人が、自分のアイデアを絵として描いて説明します。2人目は必ず1番目の人のアイデアのどこか1カ所以上を取って、自分のアイデアに加えて説明します。こうして2番目の人、3番目の人と同様につなげていくと、5番目の人は、1番目から4番目の人のアイデアを取って説明することになります。こうすれば、最後に発表する人のアイデアがグループの総意とも見なせるようになります。もちろん、このようなミーティングに参加する前に事前にアイデアをある程度固めてくるよう申し伝えておきます。

この形式を採用すると、グループのミーティングは1回当たり5分から10分程度で収まります。単なるブレーンストーミング以上の効果もあり、こうしたミーティングの形式は互いのアイデアを認め合うことになりますから、結果としてチームビルディングにもなります。過去、名古屋商科大学大学院MBAコースの受講生にこの方法を社内で実践するよう勧めたところ、「会社のミーティング中にPCを持ってきてメールチェックする部下がいなくなった」と言っていました。米国のグーグル、アップル、アマゾンといったグローバル企業のミーティングは同種の形式を採用しているようです。

これであれば権限が小さい現場リーダーでもすぐに実践できます。しかも成果が目に見えるし、部下たちも自分たちの変化を体感できます。充実したミーティングになったという気付きや達成感があれば、自然と社内の他の人にも波及します。部下の行動変容は火を見るよりも明らかで、当然現場リーダーの上司に当たる本部長などにもその話は伝わることでしょう。そうすれば現場リーダーの活動への支援も受けやすくなります。

翻って企業では生産性アップや売り上げアップといった評価基準に直結する活動が重視されますが、実際にはその前に、社員個々人の行動変容は欠かせません。日々の行動変容があってこそ、それが生産性や売り上げといった具体的な数値向上につながります。

実際、大企業の中にはひどくムダが多いというのが現状です。そうしたムダを許容していては生産性や売り上げの向上は見込めませんが、逆に言えばそれだけ伸びしろがあることを意味します。特に生産性やコストダウンについては、社員の日々の行動変容により、いかようにも改善します。それこそ固定観念の中で見えていないだけであり、インクルーシブデザインの考え方が適用できる領域とも言えます。

こうした日々の行動変容が続いていけば、経営層も注目するようになるでしょう。そうすれば、インクルーシブデザイン・ワークショップの手法についてさらに認知が広まり、導入に向けての障壁が徐々に低くなることが考えられます。先にも触れましたが文書のプレゼン資料を使っていくらインクルーシブデザインの考え方が重要だと説明してもなかなか通らないという現状はあります。けれども、インクルーシブデザイン・ワークショップの手法を適用することで行動変容した社員がいるというのは強いインパクトとなります。

実はここ数年、私たちが支援するクライアント企業が急増してきた理由は、受講生にこのようなアプローチを推奨してきたためです。経験上、読者の皆さんが今から取り組めば2~3年後には結実して、実際に現場で未来思考型の商品やサービスの開発に着手するような動きが出てくるはずです。

もしそこで皆さんの上司が興味を持たれたら、その上司をインクルーシブデザイン・ワークショップの無料体験会に引っ張ってくるのがお勧めです。3時間30分の無料体験をしてもらうと、実は上司の姿勢が見えて、白黒はっきりします。上司が理解ある人であれば、1カ月後から2カ月後には具体的な相談案件となっているかもしれません。実は私たちは会社設立後から現在に至る約8年間、営業はせず体験会だけでこうした案件を獲得しています。

具体的には、無料体験会で体験した社員が会社に戻り、自分のグループ内で行動変容を起こし、興味を持つ社員が周囲に増え、興味を持った社員がまた体験会に来る。このようにしていわばシンパが増え、次第に意思決定層に到達するという具合です。先にも触れましたが、私たちのインクルーシブデザイン・ワークショップ無料体験会の延べ参加者数は約2万4000人に達しました。

「違う視点」は経営の武器になる

ここまでは現場リーダーが直近取り得る手立てについて述べてきましたが、次はもう少し、未来思考型リーダーが活躍しやすい組織の理想形について考えてみましょう。

一つは、経営トップそのものが未来思考型リーダーになることです。思考様式として「違うこと」を容認するということが考えられます。一言で言えば固定観念をリセットするということです。例えば欧米企業では自社はどんな指標で評価されるべきかをゼロから考えるような動きが始まっています。その理由はESG投資の広がりということが大きい。特に欧州系の投資家たちの判断基準は、「この事業がもうかるのか」ではなく「未来の社会課題に対してどう貢献できるのか」を必ず問うてくるためです。つまり、未来の社会課題を定義する、問題定義力が問われることになっているわけです。

日本企業は一度決めたことに対する展開スピードは早い。より早めるために、経営トップ自身が未来思考型に変わることができればベストです。さらにエクセレントな形態を言えば、経営トップの直下に実行部隊を組成し、20代から30代の若手を中心に組むべき。若手には固定観念が薄いからです。

さらに私が提案したいのは、経営者が経営のスローガンを立て、それを全社員に問いかけて一緒にもむということをしてみてはどうかということです。一般的に経営者は「5000億円の売り上げを今後3年間で7000億円にする」といったスローガンを立てがちです。数字は大事ですが、こうしたスローガンには未来の社会課題が包含されていません。また、先に議論したようなこれからの社員の強みについての視点がまったく入っていません。

未来の社会課題が複雑で、かつ不確実性が高い時代においては、経営者がスローガンを立てて全社員と一緒にもみ、「違う視点」をたくさん集めて統合的に考える。こうしたことが、結果として経営戦略上の武器になります。

3-6 企業が変われば社会も変わる

持続性を備えた企業に変わる

もし、経営トップが未来思考型になり、組織が変化してきたら、企業はどのように変わるでしょうか。また、そうした企業の変化を通じて、社会はどのように変化していくでしょうか。

インクルーシブデザイン・ワークショップではそのプロセスの特性上、多様なステークホルダーに意識を向けることになります。ステークホルダーという概念には社員や顧客といった人だけでなく、組織、地域、国、環境、あるいは地球も含まれます。しかも、現在という時間を超えた将来のこれらもステークホルダーとなります。これらのステークホルダーを考慮することによって、企業は新しい社会課題が見つけられるようになります。企業の営利活動にＳＤＧｓやＥＳＧでうたわれている目標を自然な形で取り込むことにもなるでしょう。

これらは未来の社会課題を先取りしていることにもなりますので、当然、将来的に優位性のある商品やサービスの開発につながる可能性があります。繰り返しになりますが、未来の社会課題解決を包含している商品およびサービスなので、ライバル企業よりも1歩、2歩リードした解決策として、市場においては他にない魅力を放ちます。

さらに事業戦略そのものが未来に想定される社会課題への対応策ともなるので、事業の持続性が見込めるようになります。現状で、多くの企業は10年後どうなっているか分からないという状況の中で経営していて、目の前の利益を上げることと、内部留保を増やすことばかりに熱心です。これに対して経営トップが未来思考型になっていくと、社内で未来思考型のリーダーも活躍できるようになり、未来に開かれたビジネスへの活路も見えてくる。こうしたことこそが、企業を守ることになるのではないでしょうか。

キッコーマンに見る未来思考型企業のあり方

日本はもともと未来思考型の事業家がたくさんいた土地ではないかと思われます。日本には100年以上継続しているファミリービジネスと言われる家族経営の企業が2万

〜3万社あるとされ、世界で一番多いといわれています。こうした家族経営の企業は、私が改めて未来思考あるいはインクルーシブデザインというキーワードを出さなくても、100年先のビジョンを考えながら行動している企業が多いのです。

以前、私は千葉県野田市に本拠を置くキッコーマンに話を聞きに行ったことがあります。私が感銘を受けたのは次のようなエピソードでした。大正期に野田町でしょうゆ工場を立ち上げた際、工場内に水を通すための、今で言う水道を作ろうと決意した。しかし水量にかなり余裕があったのでキッコーマンは、自社の工場だけではなく、野田町の人たちにも良質な地下水を供給しようと考えた。そこで、キッコーマンとして、大正12年（1923年）より水道事業を始めたそうです。その背景にあるのは、野田村の自然の水があってこそのしょうゆ造りだという認識です。

何と52年にわたり、野田市の水道事業はキッコーマンが担っていたそうで、昭和50年（1975年）にようやく野田市に移管したという、企業と地域の密接な歴史があります。SDGsで企業の責任がうたわれていますが、実はその当時から日本企業は実践していた。このような地域に根づいた企業は、100年先の未来まで自社を持続させるため、そして地域の人たちとどう向き合っていくかを長く考えてきたわけです。

日本に100年以上続くファミリービジネスの企業が何万社もあるということは、多くの日本企業はそもそも未来思考型のリーダーシップを発揮してきたし、日本人事業家のDNAに未来思考が刻まれていると考えてもよいでしょう。そもそも日本人は文化として行間を読む、四季を感じるといった感性を得意としているはずです。それをうまく事業に生かせているからこそ何万社という数字があるのだと思います。

しばしばファミリービジネスの弊害が取り上げられますが、持続的な社会の構成要素としてファミリービジネスは貢献し得る可能性があります。ファミリービジネスの企業では家訓のようなものが大切にされているケースが多いのですが、これは未来思考型を目指す企業にとって大きなヒントとなるように思います。

ファミリービジネスの企業の多くは日本の地方に本拠を置き、持続的な経営をしています。そうした企業が何を考慮しながら経営しているのかを調べてみると、例えば地域の文化、その土地の特徴を考慮し、それこそ100年続けられるような事業を考えて経営しています。

例えば養命酒製造は長野県駒ヶ根市に工場がありますが、水を大事にする経営をしています。養命酒の主な原料は、生薬、みりん、水です。そもそも水がとても大事なわけです。

この地は山間で平地がほとんどなく、工場は傾斜地に立っています。普通に考えるとそれが制約条件になるわけですが、傾斜地という特徴を逆に生かして、土地の上から下に流れるように工場のラインを設計しています。少ない電力で、重力を活用して生産できる仕組みになっています。

また、地元の水を自分たちだけで専有しないようにも配慮されています。地域の文化や土地性を大事にしながら持続的に活動するということが根幹にある経営です。

一方、大企業でよくありがちなのは、例えば災害が起きた際に、ボランティア100人を災害地に送り込んだりする対応です。それで「我々は地域貢献しています」とアピールしているわけですが、その地域が持続的な社会になっているのかというと、そうではないところもある。支援を受けた地域では依存型のライフスタイルにどっぷり漬かってしまう人も出てきて、支援金が打ち切られると聞いて焦っている住人もいると耳にします。

つまり、大企業による間違った社会貢献活動で、かえって社会を駄目にしている恐れもあるわけです。本来であれば、被災地が復興して持続的に発展するために、そもそも何が問題なのかを定義し、それを解決するソリューションを提供することが社会貢献。形としては人やモノやカネを投じているわけですが、実は企業の存続と名誉のために地域からパワーを削っているようにもとられかねません。

未来思考型で地域も生まれ変わる

地域の持続性を考えるうえでは、「域内循環」という考え方があります。これは地域内外のお金の流れを見るものです。日本の多くの地域では圧倒的に輸入が多く、地域内では十分に循環しているとは言えません。

以前、兵庫県豊岡市でインクルーシブデザイン・ワークショップに取り組んだ例をご紹介しましょう。ここは野菜の産地として有名で、非常に多品種の野菜が採れる地域です。しかし、ここの小学校の給食センターを調べると、地元の野菜を使っている率は、10％しかありませんでした。90％はわざわざ地域外から買っている。つまりお金が地域内でほとんど循環していませんでした。

「地域内での自給率を上げることが持続的な地域づくりに役立つ。地域の野菜を給食センターで使ってもらいたいが、何が問題になっているのか」という問題定義をし、そこから課題を掘り下げていくことになりました。

すると、給食には大量のジャガイモが必要で、地域外から買うしかなくなっている、という現状が判明しました。カレーなどはジャガイモをたくさん使うメニューの代表例ですが、使う分量が規定で決まっている。それだけの分量は地元の農家だけではそろわない、だから地域外から買う、下手をすれば海外から輸入する、という状況が生じていたわけです。

議論を進めたところ、1年間ジャガイモを保存できる設備があれば地元の野菜で供給できるのではないかというアイデアが出てきました。当然大規模な倉庫設備が必要ですし、冷蔵用の電力量もばかになりません。ところがここで、豊岡は冬になると3メートルの雪が降るという情報がシェアされました。では例えばコンテナを改良して雪を保存料として使えるようにし、ジャガイモと一緒にコンテナに入れるというのはどうかというアイデアが出ました。実際、これでジャガイモが1年間持ちます。まさに自然のクーラーです。

このように持続的な地域にするという観点で問題定義をすると、現実的に実行できて、かつ将来も継続できるアイデアが出てくるわけです。問題定義がいかに重要かを示した好例と言えるでしょう。

実はこの豊岡市でのインクルーシブデザイン・ワークショップの取り組みは、民間企業側の意識改革の意図も含めて、約50社の企業からの参加者を募って行いました。ただ残念なことに、結果的にほとんどの企業は残りませんでした。やはり短期的に見たら利益が出ないためです。私たちとしては、その地域に持続的な活動が増えてくれば必ず自社のビジネスになると説明したのですが、そこまで待てないと言われました。非常にもったいない話です。

未来思考型リーダーが社会を救う

日本社会の基盤が一昔前とは違って大きく揺らいでいます。もともと資源が少なく、人口も減り高齢化が進む一方の中、１人ひとりが自らの問題定義の能力を高めていかないと、そもそも企業どころか、それが存立する日本自体が立ち行かなくなってしまう可能性があります。

未来思考型リーダーは、企業を変え、そして社会を変える可能性があります。現場リーダーのみならず、社会を作り上げている皆が全員、このような未来思考型の行動様式を身に付け、社会をより豊かに変えていければと考えています。

特別インタビュー

生活者と未来に向き合うリーダーとは

花王におけるモノづくりとインクルーシブデザイン

花王 取締役常務執行役員
松田 知春氏

松田知春（まつだ・ともはる）氏

花王取締役常務執行役員コンシューマープロダクツ事業部門統括／スキンケア・ヘアケア事業分野担当／ヒューマンヘルスケア事業分野担当／ファブリック＆ホームケア事業分野担当／花王プロフェッショナル・サービス株式会社担当／ Oribe Hair Care, LLC Chairman

（写真＝世良武史）

「子供たちに明るい未来を提供できるかどうか。これからの企業にとっては、これが重要なテーマになる」。花王で消費者向け商品の開発を統括する、松田知春取締役常務執行役員（コンシューマープロダクツ事業部門統括）はこう語る。花王がインクルーシブデザインに本格的に取り組み始めたのは2014年ごろ。しかし花王は1990年ごろの、ユニバーサルデザインやバリアフリーといった概念が話題になり始めた頃から、高齢者、身体障害者、子供に配慮した商品開発を続けてきた。

花王のモノづくりの精神はどのようなものか。なぜインクルーシブデザインに注目したのか。花王による未来社会を見据えたモノづくりのあり方をたどりながら、未来思考型リーダーが備えるべき考え方などを聞いた。

井坂　花王はビジョンとして「消費者・顧客を最もよく知る企業に」を掲げ、多様な生活者に向き合いながら商品開発を続けてきました。2014年ごろからはインクルーシブデザインに注目され、現場の社員の主導によりワークショップに参加したり、一部の商品開発にその考え方を導入されたりと、様々な形で取り組んでこられました。

松田　花王としましては、ハンディキャップを持たれている方、高齢の方、そしてお子様も含めて、「誰もが弊社の商品を使いやすい」という姿を目指しています。そうした中で、インクルーシブデザインが掲げる「リードユーザ」という概念に着目し、とても共感しました。

インクルーシブデザインの手法や考え方を弊社で最初に適用したのが、「アタックZERO」のパッケージデザインです。このパッケージでは、液体洗剤を出すためのハンドルは片手でプッシュできます。また、プッシュする回数で、出す量が調整できるようになっています。

井坂　身体の自由があまり利かない方や、目の見えない方でも計量しやすくなっているわけですね。実際に、アタックZEROの開発に参加したリードユーザは、すごく使いやすいという話をしていました。その他のリードユーザも、アタックZEROのパッケージには大喜びでした。

消費者の「熱望」に応える商品づくりを

松田　弊社の事業そのものを考えるという面でも、リードユーザの声にしっかり耳を傾けるというインクルーシブデザインの考え方に共感しました。というのは、市場全体が今「スモールマス」の集合体に変わりつつあるということがあるからです。

従来のマーケティングでは「n100」(100人の平均値)とか「n300」(300人の平均値)といった具合に、数百人単位のデータの平均値を使って商品開発などを行っていました。もちろん消費者をマスで捉えるやり方を否定するわけではありませんが、平均値ばかりでは「実在しない架空の人」を見ることにもなりかねません。

また、生活者の方々は近年、自分の生活をより豊かにするためには何が必要か、どういうあり方が自分にとって幸せなのか、といったことを、長期的な視点で考えるようになりました。結果として、生活者の姿が多種多様に変化しています。従来の「これさえあれば人は幸せである」「これがあれば豊かな感覚が得られる」という概念が通用しなくなってきました。

多種多様ということは、生活者の「個」のニーズをきっちり捉えていく必要があります。その点、制約を抱えるリードユーザ1人ひとりに個々に向き合い、その観点で物事を見るインクルーシブデザインは、弊社の考え方に合致しています。

これまで当社はマーケティングで「ターゲット」、つまり「この商品を誰に向けてご提供するか」という狙いを定める意味の言葉をよく使っていました。しかし近年では、本当にこのブランドに共感してくれるのは誰なのか、という観点から「Ｍｏｓｔ　Ｅｍｐａｔｈｅｔｉｃ　Ｐｅｒｓｏｎ（モースト・エンパセティック・パーソン）」と定義しています。最も深く困っておられる、悩んでおられる、また要望されている、熱望されている人たちに向けた商品づくりを志そうという狙いです。背景にあるのは、「商品をどう売っていくか」ではなく、「生活者にとっての価値を考え、商品への共感者をつくる」という視点でやっていこうという考え方です。リードユーザの声に耳を傾けるインクルーシブデザインの考え方に似ていますね。

先ほど、個のニーズをしっかり捉える、というお話をしました。当社では個人、つまり「ｎ１」が熱望しているものでも、その方に対して何ができるかを考える、という基本姿勢をさらに浸透させたいと思います。

連綿と引き継がれた「個」を重視する商品開発

松田　このｎ１を無視しないという考え方は、実は当社に昔からありました。古くは、当社の薬用入浴剤「バブ」がそうだったと伝わっています。バブが最初に発売されたのは１９８３年のことですが、商品開発時、１００人の生活者の方々を調査したところ、冷え性で寒くて寒くて夜眠れないという方がお２人いらっしゃいました。たったお２人のお声だったのですが、そのお声に応えるべく完成させたのがバブでした。

井坂 ルールにこだわらず、熱望するｎ１がいるのであればやってみようという考え方が、当時からあったわけですね。

松田 はい。近年では「キュレル」もそれに当たります。乾燥性敏感肌で悩まれている方にフォーカスしたスキンケアブランドでして、これもｎ１の思想に基づいて立ち上げたブランドです。私は改めてこうした考え方を、花王のマーケティングの基本にしようと思っています。

井坂 個々の生活者の悩みにしっかり向き合うという考え方は、インクルーシブデザインに取り組む前から、いわば企業のＤＮＡとして花王に存在していたということですね。

松田 はい、そう思います。花王の創業者は、太平洋戦争以前の１９３４年に「女性の家事労働を楽にしたい」という思いから「長瀬家事科学研究所」を設立しました。自分の会社ながら、当時としては画期的なことだったと思います。

企業は一般的に、財務と非財務を分けて経営を考えますが、私自身は個人的には、「生活者のお役に立てること」が財務よりも上位概念にあると思って仕事に取り組んできました。きれいごとかもしれませんが、「お役立ち」が先になければ企業は立ち行かなくなると考えています。

井坂　だからこそ、花王ではインクルーシブデザインのような方法論を取り入れやすかったのかもしれませんね。

松田　はい。当社は1990年前後のユニバーサルデザインやバリアフリーといった概念が話題になり始めた頃から、まさに花王はそうした分野でお手伝いできるんじゃないかと考えました。

その代表例が、1991年に開発・導入した、シャンプーとリンスのボトルを区別するための刻みです。業界でもいち早い取り組みでした。

また当社の製品で言いますと「クイックルワイパー」は発売以来、とにかく使い勝手をよくしようといろいろな側面から改良を加えてきました。長さを調節するなど細かな工夫を重ねました。

あるご高齢のお母様は、息子夫婦の家庭でクイックルワイパーを使うことで、「私も役割が果たせる」と喜ばれているそうです。商品によってお使いになった方の生活が豊かになったというわけでして、これはまさに花王の目指すところです。

刺さるコミュニケーションを

井坂　バブの例はインクルーシブデザイン的な事例だと感じました。ごく少数の熱望しているユーザーに刺さる商品をつくると、結果として、潜在的な悩みを抱えていたより多くのユーザーにも支持される、というものです。

松田　私は「自己適合性の時代」と呼んでいるのですが、あるネットマーケティングの企業にお話を伺ったときに、驚いたことがあるのです。「生活者の方々は、悪い口コミ情報を読んでいます。良い情報なんてあまり読んでいないんです」と。

これには、がっくりと肩を落としてしまったのですが、よくよく聞いていると、実は消費者は「その商品が自分に合うかどうかが知りたくて、多面的に商品のことを調べるために商品の悪い情報を集めている」のだそうです。なるほどそうなのかと、開眼するような思いがありました。

企業側も情報の提供方法を変えねばなりません。従来は「この商品は本当にここが素晴らしいんです」と1つか2つのポイントを重視して説明を差し上げてきました。でも、これからはそれじゃだめなのだと思いました。

だからこそ、先ほどご説明したモースト・エンパセティック・パーソンの考え方を適用すべきと考えました。今社内で議論をしているのですが、今後は1つの商品を説明するにしても、個々のお客様の事情をくんだ説明が必要になるでしょう。

例えば「2人の児童を抱えていらっしゃるお母様の場合はこう使っていただけます」とか、「お仕事が忙しくてなかなか平日は家事ができないお母様にはこうです」といった具合です。同じ商品でも、生活者の方々の状況によって、どんな使い方が適しているのか、どのように便利さを実感していただけるのかをしっかり説明していく。これにより、お客様もより商品価値を感じていただきやすくなるのではないかと思います。

井坂　以前、花王さんの現場社員の方々からインクルーシブデザインについてご相談を受けた際に、その皆さんと一緒に、高齢者のお宅に何度か訪問させていただきました。

その時驚いたのは、高齢者の方々は必ず粉末洗剤を使っていたことです。慣れているので「ざらざらざら」という粉が落ちる感覚によって分量を計測するというのです。何で液体の洗剤を使わないのですかと聞くと、「いや、液体じゃ落ちないよ」という独特の言い方です。

(写真=世良武史)

203
SDGs時代の課題解決法　インクルーシブデザイン
特別インタビュー　生活者と未来に向き合うリーダーとは

そこで液体洗剤の使い方を教えて差し上げましたら、1週間後にお手紙が来まして、「便利なので液体洗剤を買うようになりました」と。つまり、生活者の方々もこれまでの経験に縛られている領域があり、商品の存在や使い方をうまく知らせるだけでも広がっていくことがあるのだろうという話になりました。

松田　生活者の方に教えていただくことは本当に多いです。実際、われわれ提供する側が当たり前のように思っていることでも、生活者の方々にとってはそうではない、というケースがたくさんありますから。

実際に生活の現場へ行きますと、開発者がまったく想定もしていなかった使い方をされていたり、違ったご理解の仕方をされていたり、またそれが開発者にとっては新しい発見につながったりと、アイデアが膨らむのです。

私も以前、ご高齢者の方々の生活を研究するチームの社員と共に、高齢者の方々の生活を体験しました。手足に重りを付け、視力が制限されるメガネを付けたのですが、いやあ、こんな形で生活を送っていらっしゃるのかと。体験することは非常に重要だと再認識しました。

井坂　多様化、超高齢化に代表される生活者の変化、そして生活者に送られてくる情報が非常に増えている現状を考えますと、企業側としては、逆に商品やサービスのシンプルさや分かりやすさが大事になりそうです。特に花王が扱っている日用品の世界ではなおさらかと思います。

松田　当社では商品化に当たっては、専門的な組織が様々な角度から何度もチェックをかけますが、最終的には、「誰のための、何に貢献する、どんな商品か」という3点を突き詰めます。

社内で開発中の商品を初めて見せてもらったとき、正直私には、デザインの良さや若手に受けるかどうかというのは判断が難しいのです。けれども私は、先の3点だけは、うるさく質問しているんですよ。

花王はカテゴリー表記をかなり厳重にやっているんです。要するに「これは何です」ということのパッケージへの記述です。シャンプーなのか、コンディショナーなのか、洗顔料なのか、歯磨きなのか。基本ですが、これが分かりやすくなければいけません。

近年、市場に出る日用品は全体的な傾向として、お客様への訴求力を高めるべく、おしゃれなデザインが多くなってきています。けれども、おしゃれさを追求していくと、もはや漂白剤なのかビューティーケアの商品なのか判別しづらいデザインになりかねません。だからこそ、識別性は非常に重要です。

家でお使いいただくときは、シンプルでお部屋の中で主張し過ぎないデザインが好まれるのですが、販売するときは店頭での存在感を高めることも重要になってきます。こうした相反した条件をどう乗り越えていくかは課題ですね。

商品がどう「世のお役に立てるのか」を突き詰める

井坂　基本に忠実に、けれども先取性も忘れない。ｎ１も大事だが、マスに売れることも必要。相反する条件をどう考慮していきますか。

松田　私がそのための手段の１つと考えているのが、「ブランドパーパス（目的）」です。２０１９年に入ってから各商品ブランドの設計書について、再整理を始めています。

これまではブランドごとに上位概念となる「ブランドビジョン」を立てていました。「世界でナンバーワンブランドにする」「１０００億円のブランドにする」といった内容を記したものです。

しかし今度は、設計書の一番上の概念は、このパーパスであるとしました。「このブランドはどう『お役立ち』になるのか」ということです。お役に立つというその対象は、人はもちろん、ＥＳＧ（環境・社会・ガバナンス）の視点にも基づいて社会や地球も入ります。こうしたブランドパーパスを、ブランドビジョンの上位概念に置いて事業を行ってまいります。

いつの時代も、事業や商品は「お役立ち」が先にあるからこそ社会に受け入れられて、それが結果として利益につながることは間違いありません。それに、人にとって何が仕事の支えになるかというと、「誰かの役に立っているかどうか」ではないでしょうか。人は誰かの役に立っていると思うと、やはり頑張れます。社員のモチベーションを喚起するという意味でも、ブランドパーパスは大事だと思っています。

井坂　ＥＳＧといえば、近年ＳＤＧｓ（持続可能な開発目標）も含めて、産業界の間で話題になってきています。しかし、これらを営利活動とどうリンクさせるかが悩ましいという声も聞きます。

松田　いつの時代も、今ある商品に新しい価値が付いて、それに対価を支払う顧客がいて、総合的に価値が高まっていきます。ということは、ＥＳＧが話題になろうがならなかろうが、何か新しい価値を提案し、それが受け入れられると市場は発展するのです。

「ＥＳＧやＳＤＧｓに取り組むかどうか」というのは、実は「価値の付け方が世のお役立ちテーマかどうか」ということと同義だと思います。ＥＳＧやＳＤＧｓに正面から向き合えばもちろん価値が付き、企業の利益にもつながります。そもそも花王の場合はずっと世のお役立ちを考えながら商品価値を上げてきた会社ですので。

当社は、ＥＳＧを経営の根幹に据えることにいたしました。世のお役立ちという観点から経営判断を下すためにも、こうした概念の存在は非常に重要だと思っています。

井坂　本書では「未来思考型リーダー」を提案しています。これから来たる社会の課題を見据えて事業を考えられるリーダーの姿です。この特徴から考えますと、花王には未来思考型リーダーの考え方が現場に根付いているようにも思いました。

松田　子供たちに明るい未来を提供できるかどうか。これからの企業にとっては、これが重要なテーマだと思っています。

花王は２０１５年から「東京ディズニーランド」「東京ディズニーシー」に協賛していまして、ミッキーマウスの形の泡で出てくるハンドウォッシュを設置しました。この花王らしい提案で、未来の担い手である子どもたちが、笑顔で健やかに成長することを応援しています。

私は以前、台湾法人の社長をしていた頃に、現地の小学校でお掃除教室の実現を支援しました。今から10年ほど前のことです。海外の学校では児童や生徒が掃除をする習慣はなく、実際、台湾の子供にはぞうきんを絞れない子がいっぱいいたわけです。そこで子供たちにぞうきんの絞り方を教えると、子供からは「あなたの中国語の発音はおかしい」と言われたり(笑)。しかし、みんな興味を持って掃除をしてくれました。日本が持つ「きれいの文化」は、こうした公共スペースでの掃除の習慣からも来ているのではないかと感じました。

全世界の花王現地法人では今、花王の商品とＥＳＧの接点を分かりやすく伝えるべく、「きれい」という言葉を使った「Ｋｉｒｅｉプロジェクト」を展開しています。「Ｋｉｒｅｉ」にはビューティーの意味もありますが、清潔の意味もあります。また、行動の先は、さらに心の豊かさや気持ちよさにも通じます。このＫｉｒｅｉプロジェクトを通じて、世界中の皆さんにお役立ちできる花王として頑張っていきたいと考えています。

エピローグ

ＳＤＧｓ（持続可能な開発目標）時代に日本企業に求められるイノベーションという観点でみると、超高齢社会への対応などに加えて、地方の衰退にどう取り組むかというのも大きなテーマの１つになります。

鹿児島県の沖永良部島は、奄美群島の南西部に位置する離島です。この沖永良部島では、私たちもお手伝いをしながら11年間、「ライフスタイルデザインプロジェクト」という活動に取り組んできました。

このプロジェクトを主導してきたのは、長らく東北大学大学院環境科学研究科の教授を務めておられた石田秀輝さんです。石田さんは沖永良部島に移住され、島民と一緒に様々な活動を進めています。

沖永良部島は「台風の通り道」ともいわれており、自然環境が厳しい土地です。昔の減反政策により稲作も行われておらず、島における食料自給率は重量計算で10％程度。台風などで船便が動かなくなると、島の食品売り場の棚はほぼ空になってしまいます。

そのうえで他の離島と同様に、人口減と高齢化という問題に直面しているわけです。そういった中で、石田さんたちは島民と共に、沖永良部島の新しいあり方を模索しようとしてきました。

私たちは石田さんと一緒に、沖永良部島の新しいあり方を見いだすために、本書で紹介してきたインクルーシブデザイン・ワークショップの手法を適用。沖永良部島という島そのものをリードユーザに見立てて、島民の皆さんと一緒に、島の未来を切り開くための問題定義と問題解決に取り組んできたのです。

成果の1つが、社会人を対象にした通信制大学の星槎（せいさ）大学サテライトカレッジの開設です。2017年に招致したのですが、特に大きな産業もない離島に大学教育の設備が置かれることは、極めて珍しいと言っていいでしょう。講師には地元の人も多くいらっしゃいます。地元の高齢者のノウハウを若手に伝えたり、あるいは新しい知識を島民に広げたりと、学びの拠点として島の活性化に寄与しています。

もう1つ大きな成果は、食に関する分野です。シダのお茶など、地場のものを使った新しい産業をつくろうとしています。また最近は地元の小学校の敷地内で稲作を実験的に始めました。沖永良部島の厳しい自然環境にも耐え得る品種を選んで育てることで、少量ながらも米が収穫でき、島民でおいしく食べることができたそうです。

一方で、沖永良部島ではただ従来的な発展・成長を目指しているわけではありません。例えば自然の観光スポットには人数による入場制限を設けるなど、持続的に運用していけるようにという観点を持ち込んでいるのがポイントです。日本の一部の離島では観光地化することで土地が荒れてしまっているケースもあり、それを踏まえての策です。


私は離島を含めた日本の「地方」という存在そのものが、日本のリードユーザだと考えています。地方に向き合い、その未来の社会課題を定義し、問題を解決する手立てが見いだせれば、それは日本各地にも適用できるはずです。ひいては、世界にも適用できるはずの新たな道筋が、世界でもいち早く超高齢社会に突入しつつあるこの日本において見えてくるはずです。

いつの時代にもイノベーティブな日本であり続けるために、産業界のリーダーとして活躍している皆さんの力をお借りできれば。そのような思いから、本書を皆様にお届けします。

著者略歴

井坂 智博（いさか・ともひろ）

インクルーシブデザイン・ソリューションズ代表取締役社長。名古屋商科大学大学院客員教授。茨城県出身。リクルートグループに延べ11年在籍。営業業務の標準化や組織コンサルを経て、くらしネットを設立、日本発のWebマーケティング事業を手掛ける。同社をM&Aで売却後、NPO国連支援交流協会国際社会支援部支部長、ディップ執行役員営業企画本部長を経て、ダイアログ・イン・ザ・ダーク・ジャパンの法人向けサービス部門の責任者として260社の企業研修実績を構築。視覚障害者と暗闇で行うプロダクトデザイン、チームビルディング、リーダーシップに関するワークショップの営業、企画、ファシリテーションの経験多数。2012年2月、インクルーシブデザイン・ソリューションズを設立、代表取締役社長に就任。日経ビジネス「課長塾」など、多くの研修・セミナーで講師を務める。

SDGs時代の課題解決法
インクルーシブデザイン

2019年12月23日　第1版第1刷発行
2024年 6 月11日　第1版第3刷発行

著　　者　井坂智博
構　　成　高下義弘、國貞文隆
編　　集　泉恵理子、渡辺博則
発 行 者　松井健
発　　行　日経BP
発　　売　日経BPマーケティング
〒105-8308 東京都港区虎ノ門4-3-12
https://business.nikkei.com
装　　丁　小口翔平＋岩永香穂（tobufune）
印刷・製本　大應

本書籍に関するお問い合わせ、ご連絡は下記にて承ります。
https://nkbp.jp/booksQA

ISBN978-4-296-10452-9